Bernd Badegruber

Offenes Lernen

28 Schritte
vom gelenkten zum
offenen Lernen

VERITAS

Die Deutsche Bibliothek – CIP-Einheitsaufnahme

Badegruber, Bernd:
Offenes Lernen: in 28 Schritten / Bernd Badegruber. [Ill.:
Alois Jesner]. – 1. Aufl. – Linz: Veritas, 1992
ISBN 3-85329-982-2

Aus Gründen der leichteren Lesbarkeit habe ich statt der Schreibweise LehrerInnen/SchülerInnen die einfache Form Lehrer/Schüler verwendet.

Ich bitte dafür um Ihr Verständnis.

Gedruckt in Österreich; 1. Auflage/1992
Satz: Typeshop Linz
Druck: LANDESVERLAG Druckservice Linz
Karikaturen: Alois Jesner, Linz
ISBN 3-85329-982-2

Inhaltsverzeichnis

Zu diesem Buch

„Offenes Lernen“ in ihrer Klasse einzuführen, ist der Wunsch vieler Lehrer. Zum Thema „Offenes Lernen“ oder „Freiarbeit“ gibt es zur Zeit eine Unmenge Literatur. Da gibt es grundsätzliche Literatur über Alternativpädagogik, da gibt es Bücher, die sich mit benötigten Materialien auseinandersetzen, und es gibt Projektbeschreibungen von gelungenen Arbeitsweisen fortschrittlicher Lehrer. Dieses Buch will alle diese Bereiche zu einem Konzept vereinen, das von jedem Lehrer nach seinen Möglichkeiten anwendbar ist. Fast hat dieses Konzept den verpönten Rezeptcharakter. Wer nach den Vorschlägen dieses Buches vorgeht, wird vielleicht ein wenig das Abenteuerliche des Neuen vermissen. Er kann sich aber zum Ausgleich dafür einer gewissen Sicherheit erfreuen, daß sein Weg nicht zu beschwerlich und riskant ist.

Die meisten Schritte sind ab der zweiten Schulstufe möglich. Für die dritte und vierte Schulstufe sind sie fast lückenlos aneinanderzureihen, besonders dann, wenn offenes Lernen für diese Schüler etwas vollkommen Neues bedeutet.

Für die erste Schulstufe bedeutet die Verwendung dieses Buches: Einiges weglassen, einiges hinzufügen, einiges ändern – das Prinzip ist das gleiche. Das gilt auch für die fünfte, sechste und die weiteren Schulstufen. Hier fordern vor allem die räumlichen und stundenplantechnischen Gegebenheiten eine Änderung.

In welcher Schulstufe auch immer man an das offene Lernen in der vorliegenden Form herangeht, zuerst sollte man den Farbstift zur Hand nehmen und die Puzzleteile auf Seite 21 anfärben, von denen man glaubt, daß sie bereits in der Klasse eingeführt sind. Manche Teile wird man vielleicht vorerst nur leicht bemalen, da die Klasse darin noch viel Übung braucht. Manche Teile wird man schwarz anfärben, weil sie für diese Klasse nicht in Frage kommen. Die Puzzleteile sind im Inneren des Buches näher beschrieben.

Das Buch beginnt mit Überlegungen, wie es dazu überhaupt kommen kann, daß man offenes Lernen in seiner Klasse einführen will. Dann geht es um die Fragen:

Wie bereite ich meine Schüler auf das offene Lernen vor?

Welche Freiräume können am Beginn stehen?

Wie kann ich manche Schritte spielerisch einführen?

Wie stelle ich Karteien und Lernspiele her?

Wie erlernt man spielerisch Partner- und Gruppenarbeit?

Wie richte ich mein Klassenzimmer ein?

Welche Materialien brauche ich sonst noch – und wie komme ich dazu?

Wie erkläre ich Eltern das offene Lernen?

Wie führe ich Wochenplanarbeit in meiner Klasse ein?

Welche Möglichkeiten der Wochenplanarbeit gibt es?

Was bringt das offene Lernen für verhaltensauffällige Schüler?

Ich nehme es schon jetzt vorweg: Es ist manchmal das einzige Mittel, Kinder, die „anders“ sind, seien sie sozial, körperlich oder geistig behindert, zu integrieren und ihnen den gemeinsamen Unterricht mit nichtbehinderten Kindern zu ermöglichen. Es ist auch die effizienteste Möglichkeit, zwei oder mehr

Lehrern die Zusammenarbeit in einer Klasse zu ermöglichen – so wie es in den Integrationsklassen üblich ist.

Jetzt möchte ich Sie nicht länger aufhalten beim Anmalen des Puzzles auf Seite 21. Vielleicht wollen Sie auch dieses Buch wie ein Puzzle lesen, was bewußt von mir ermöglicht wird.

Von einem, der auszog, das offene Lernen zu lernen

„Von einem, der auszog, das Fürchten zu lernen" – so lautet der Titel eines Märchens, das mir in meiner Kindheit vorgelesen wurde. Ob der Held wirklich das Fürchten gelernt hat, das weiß ich nicht mehr. Ich glaube aber, daß er auf seinem Weg, das Fürchten zu suchen, einiges Aufregendes erlebt hat. Oft war er nahe dran am Fürchten, doch dann passierte wieder etwas Unvorhergesehenes. Ich glaube auch, daß die Geschichte für den Helden dieses Märchens gut ausgegangen ist – mit oder ohne Fürchten.

Die Hauptfigur in diesem Buch bin teilweise ich, teilweise sind es Kollegen, die mir vor einigen Jahren weitergeholfen haben bei meiner Suche nach dem offenen Lernen; teilweise sind es tapfere Helden von heute, die jeden Tag weitere Schritte auf dem Weg zum offenen Lernen machen – so weite Schritte, daß sie meinen Blicken entschwinden. Sie sind mir auf ihrem Weg auf der Suche nach dem offenen Lernen nachgekommen, sind einige Zeit mit mir gegangen; wir haben gemeinsam gesucht, haben unterwegs miteinander geplaudert, bis sie entweder alleine an einer Weggabelung ihren Weg weitergingen, mir vorauseilten oder sich niedersetzten, um etwas zu verschnaufen. Zurückgegangen ist keiner. Ich danke allen, die mit mir gemeinsam Teile des vorliegenden Konzepts ausprobiert haben. Dies gilt besonders für den Teil „Offenes Lernen für verhaltensauffällige Schüler", der ohne die genauen Pläne, Aufzeichnungen und Stellungnahmen dreier Lehrkräfte der Volksschule Windischgarsten über den Zeitraum mehrerer Monate nicht in dieser Form möglich gewesen wäre. Besonders danke ich meinem Freund Martin Merz, aus der Volksschule I in Kirchdorf, bei dem es mir gelungen ist, die meisten Schritte zum offenen Lernen hin zu betrachten. Martin war immer nahe am Ziel, doch er erreichte es nie ganz, denn er selber war es, der es immer weiter und höher vor sich herschob. Ganz zufrieden wird er mit dem Erreichten wohl nie sein – eine gute Voraussetzung für immerwährende Weiterentwicklung. Das Fürchten wird er aber auch nicht lernen, dazu hat er zuviel Vertrauen – Vertrauen in die eigentlichen Hauptpersonen dieses Buches – die Kinder, die schließlich bei jeder Weggabelung entscheiden, wo es weitergeht, die das Marschtempo und die Rastpausen bestimmen. Jeder für sich. Wir halten auch manchmal gemeinsam Rast oder halten uns am Weg mit interessanten Beobachtungen abseits des Weges auf, sammeln Dinge und Erfahrungen, bis die Nachzügler bei uns sind, um mit uns zu spielen, um sich von uns erzählen zu lassen und um auch uns zu erzählen, wie es ihnen ergangen ist. Manches von dem, was wir entdeckt und erlebt haben, schreiben wir auf. Ich danke meinem Freund Martin und seinen Schülern für die Schülertexte, die in diesem Buch abgedruckt sind.

Schülerträume – ein Aufsatzthema

Eines Tages, als ich in die Schule kam, war alles ganz anders als sonst. Der Herr Lehrer begrüßte mich schon bei der Schultür und nahm mir die Schultasche vom Rücken. Er sagte: „Die brauchst du heute nicht." Als ich in die Garderobe kam, stand da ein Schild: Patschenanziehen verboten! In der Klasse angekommen, erlebte ich eine Überraschung: Die Tafel war verschwunden. Statt dessen war da eine riesige Leinwand, auf der ständig Videofilme zu sehen waren. Gottseidank waren auch unsere Schulbänke weg. Es gab nur gemütliche Sofas, Schaukelstühle und Hängematten. Man konnte darin sitzen oder liegen und sich einen Kopfhörer aufsetzen, um die neuesten Lernnachrichten zu hören. Aber nur solange man wollte. Wer genug hatte von den Videos und von den Wissensnachrichten, der konnte im großen Künstlerraum zeichnen, malen oder basteln. Man konnte im Künstlerraum den Lehrer auch bitten, daß er einem etwas baute oder malte. Der Lehrer mußte auch Geschichten erzählen, soviel man wollte. Niemand durfte im Künstlerraum unterbrochen oder gestört werden. Natürlich durfte man auch schreiben, aber nicht zu viel und nicht zu lange. Man konnte auch einer der zahlreichen Sekretärinnen etwas ansagen und dem Lehrer zum Lesen geben.

Das Rechnen war an diesem Tag besonders lustig. Es gab Rechencomputer in Hülle und Fülle. Man brauchte aber nicht zu lernen mit dem Computer umzugehen, denn es war so einer, mit dem man sprechen konnte. Der konnte einem zum Beispiel seine Schulnoten ausrechnen. Man brauchte nur seine gewünschten Noten eingeben, und man bekam zum Beispiel schon den gewünschten Einser. Der nächste Raum war der Olympiaderaum. Hier gab es Wissensolympiaden, bei denen ich immer der Beste war. Der Lehrer gab Rätsel auf wie bei einer Fernsehshow. Der Sieger durfte sich Geschenke aussuchen und kam ins Fernsehen.

Am besten gefiel es mir in der Vergnügungshalle. Sie war ein riesiges, überdachtes Stadion mit Sportplatz, Swimmingpool, BMX-Bahn, Pommes-frites- und Coca-Cola-Automaten. Und man konnte dort sein, solange man wollte, denn man durfte Pause machen, wann immer man wollte.

Die Schule hatte bis sechs Uhr abends offen. Dann mußte man nach Hause gehen. Man konnte natürlich auch früher gehen. Ich ging um fünf vor sechs. Der Lehrer bedankte sich bei mir beim Ausgang für die Mitarbeit und sagte: „Das hast du ausgezeichnet gemacht. Du darfst recht oft wiederkommen."

Ein Lehreralptraum

Eines Tages, als ich in die Schule komme, ist alles ganz anders als sonst. Als ich die Klasse betrete, werde ich nicht wie sonst freundlich begrüßt, denn es ist die wüsteste Schlägerei im Gange, an der sich alle Mädchen und Buben beteiligen. Als ich die Streithähne endlich getrennt habe, versuche ich den Grund der Wildwestszene zu erfahren. Aus dem wilden Tohuwabohu kann ich heraushören, daß man sich nicht einig ist, wer der Beste, der Zweitbeste, der Schlechteste und der Zweitschlechteste und schon gar nicht, wer der Vierzehntbeste – oder soll man da sagen der Siebtschlechteste in der Klasse ist. Ich verspreche, meine Rolle als Richter oder besser gesagt als Schiedsrichter endlich ordentlich wahrzunehmen und baldigst einige Tests zusammenzustellen, um zu einer geordneten Klassenrangliste zu kommen, die dann am Gang gut sichtbar für alle Schüler, Lehrer und Eltern angebracht werden könnte, um Verwechslungen zwischen dem Besten und Schlechtesten in Zukunft zu vermeiden und so eine friedliche Koexistenz zu ermöglichen.

Zufrieden über meine guten Konfliktlösungsideen lasse ich mich in den Lehrersessel sinken und denke mir: Was man als Lehrer nicht alles tun muß . . . Schnell merke ich aber, daß ich mein Befindlichkeitsthermometer zu schnell auf „Zufriedenheit“ geschaltet habe. Denn als ich, wie sonst auch immer, die Schüler auffordere, mir ihre Hausübungshefte zur Kontrolle vorzulegen, rührt sich keiner vom Platz. Ich blicke in versteinerte, trotzige Gesichter. Ist da eine Verschwörung im Gang? Ist die oftmals im Konferenzzimmer zitierte Untergrundgewerkschaft der Schüler, die berühmtberüchtigte „UGS“, Wirklichkeit geworden und ist mittels subversiver Kräfte in den ersten Stock und ausgerechnet in meine Klasse gelangt? Gleich werden sie behaupten, die Hausübung war wieder einmal zuviel. Hat der kleine Karli da hinten nicht ein verbotenes Abzeichen dieser UGS am Kragen?
Ich brülle drauflos: „Ich habe keine Lust, alles zweimal zu sagen und wenn nicht sofort alle Hausübungshefte wohlgeordnet auf meinem Tisch liegen, dann ist die Turnstunde gestrichen!“ Jetzt kommt Bewegung in die Schar. Mit Genugtuung streiche ich über den Stapel Hausübungshefte, blicke mit einem „Na-also-Blick“ in die Runde. Aber ich bin Pädagoge. Schreien ist bei mir die Ausnahme.
„Wolfgang, auf dich kann man sich verlassen. Du warst wieder einmal der erste. Nehmt euch ein Beispiel an ihm!“ Wolfgang ist sichtlich stolz auf das Lob. Er lächelt mir verschämt zu – oder ist es ein unverschämtes Lächeln, ist er vielleicht ein Spitzel der UGS oder noch schlimmer, ein Spitzel des angeblich in der Vorwoche gegründeten UEVfKE, des „Unabhängigen Elternvereins für kritische Eltern“? Ich werde auf der Hut sein. Was ist heute bloß los? „Wer ist der letzte gewesen, der die Hausübung herausgelegt hat?“ „Peter, der Peter war's, Strafarbeit, Strafarbeit, Strafarbeit!“ tönt es im Sprechchor. Wenn nur jetzt keiner draußen am Gang ist und den Krawall hört.

„Ruhe! Es sind sowieso immer die gleichen. Ich werde mir Peters Heft gleich einmal anschauen. Der hat's not, der hat sicher wieder eine Menge Fehler drin."

„Aber daß Sie nicht wieder die meisten Fehler übersehen", meint Karin mit vorwurfsvollem Unterton. „Mein Vater hat gesagt, Sie übersehen alle Fehler." „Ja, meine Mutter hat das auch gesagt. Und man kriegt bei Ihnen sogar noch Lob dafür, wenn man Fehler macht. Da lernen wir ja nie Rechtschreiben, sagt mein Vater." „Und bei mir haben Sie einen Zweier hingeschrieben, obwohl ich auch nicht mehr Fehler gemacht habe als Gerda, und die hat einen Einser bekommen." „Sie sind viel strenger als die Lehrerin von meinem kleinen Bruder. Meine Mutter sagt, das ist ungerecht." So reden sie laut durcheinander, ohne aufzuzeigen, ohne Respekt. Wo ist der ganze Respekt hin verschwunden? Gestern hätten sie sich diese Frechheiten noch nicht getraut. „Ruhe!" rufe ich, diesmal mit noch mehr Bestimmtheit in der Stimme. „Ihr seid faul, wollt nicht lernen, seid undiszipliniert und sucht die Schuld an eurem Unvermögen beim Lehrer. Aber das lasse ich mir nicht bieten! Ich werde euch beweisen, daß ihr keinen Grund zur Aufmüpfigkeit habt. Ihr schreibt jetzt die Gedächtnisübung von gestern auswendig auf. Und es wird sich herausstellen, daß die, die am meisten und lautesten den Mund aufmachen, die mit den meisten Fehlern sind. Daß mir aber niemand schwindelt!"

Plötzlich ist es ganz ruhig in der Klasse. Ich lese in den Gesichtern, bei manchen sehe ich Reue, bei manchen Demut, bei manchen Angst, zumindest aber Spannung – auch bei den Härtesten. Ich glaube, ich habe die Situation wieder im Griff. Da öffnet sich die Tür einen Spalt. Die Nase des Herrn Direktors erscheint. „Welch angenehme Ruhe bei Ihnen herrscht. Da merkt man – da wird gearbeitet. Da will ich nicht stören." Und weg ist die Nase.

Die Gedächtnisübung beginnt. Da – ein Schwindelzettel, weg ist das Heft, schon steht der Fünfer drin, dort – ein Schwindelzettel wechselt den Besitzer – diese unehrlichen Gfraßter! „Her mit dem Zettel und den Heften! Was, da schreibt einer vom Nachbarn ab, bist du verrückt? Und du, findest du das nicht unverschämt, während ich mich umdrehe, dem anderen etwas zuzuflüstern, leg dein Heft auf meinen Tisch! Was ist denn heute los mit euch?"
Es ist wie verhext. Nur drei Kinder bleiben übrig, die nicht schwindeln, die fertigschreiben dürfen – die anderen haben selber schuld. Jetzt sitzen sie da und vergießen Tränen. Unehrlichkeit rächt sich, das war unlauterer Wettbewerb. Hättet ihr im Unterricht besser aufgepaßt oder zu Hause gelernt. „Ich hab' es eh fünfmal durchgelesen und jeden Tag dreimal abgeschrieben", schluchzt Petra, „aber ich kann es mir einfach nicht merken." Wieder öffnet sich die Tür einen Spalt – ausgerechnet in dieser peinlichen Situation. Der

Herr Direktor meint: „Finden Sie nicht, daß es ein bißchen zu laut ist?“ Und das vor den Schülern! Hat der kleine Gerhard da hinten nicht boshaft gegrinst, als ich zur Tür hinübergeschaut habe? Jetzt tut er wieder ganz unschuldig und harmlos. Ich werde ihn in nächster Zeit mehr im Auge behalten müssen. Der Herr Direktor ist wieder weg. Ich wende mich wieder meinem Jammerhaufen zu, der heute einfach unberechenbar ist – zuerst raufen, dann aufbegehren, dann schreien, dann schwindeln, dann weinen ... Da habe ich eine pädagogische Überdrüberidee: „Ich glaube, ihr habt heute einen schlechten Tag erwischt. Bis die letzten drei ihre Gedächtnisübung fertiggeschrieben haben, dürfen sich die anderen selber eine Arbeit suchen.“ Stille. Die Schüler sehen sich gegenseitig an, sehen mich an, schauen zu Boden, schauen ins Bankfach, schauen auf ihre Fingernägel, bis Wolfgang sagt: „Dürfen wir, oder müssen wir?“ „Ihr dürft müssen!“ antworte ich zynisch. „Super“, antwortet darauf Wolfgang scheinheilig, „aber es steht ja nichts an der Tafel und ich weiß auch nicht auf welcher Seite im Buch wir sind.“ „Seite 53 abschreiben!“ schreie ich den begriffsstützigen Kerl an.

Da öffnet schon wieder jemand die Tür. Mein lieber Kollege Franz schaut herein und sagt: „Was, erst auf Seite 53 seid ihr? Wir sind auf Seite 63!“ Dabei habe ich gerüchteweise von Eltern seiner Schüler gehört, daß er gelegentlich eine Seite ausläßt und manchmal sogar zwei. Kollege Franz läßt seine Blicke in der Klasse umherschweifen. Natürlich denkt er sich wieder, daß meine Tafelschrift schlechter ist als seine, und sicher sieht er, daß schon wieder in einigen Schulbankfächern große Unordnung herrscht, und ich sehe es an seiner Nase, daß er sich gerade denkt, daß ich zu nachlässig, ja zu mild bin. Aber dem beweise ich das Gegenteil!

Ich raune ihm bedeutungsvoll zu: „Gedächtnisübung!“ und hoffe, daß er taktvoll nicht weiter stören will. Aber er: „Was, schon wieder eine Gedächtnisübung? Wie halten deine Schüler diesen Leistungsdruck bloß aus?“ Wenn er nun auch noch draufkommt, daß gerade nur drei Schüler bei der Arbeit sind, ist mein Ruf endgültig dahin. Da kommt die rettende Idee. Ich flüstere ihm zu: „Ich wollt’ dich eh schon fragen, aber das besprechen wir lieber am Gang, was tust du, wenn ein Schüler auf drei Ansagen einen Fünfer hat und dann auf zwei einen Zweier ...?“ und ziehe den Kollegen Franz am Ärmel hinaus auf den Gang.

Und während mir Franz die besten Tips gibt, höre ich mit einem Ohr, wie die Klasseneinrichtung in Trümmer geschlagen wird – und da, ist das nicht der Schulinspektor, der die Treppe heraufkommt? Er überreicht mir ein Formular. Darauf steht: Entlassen, wegen Vernachlässigung der Aufsichtspflicht. Hinter ihm kommt der Schulpsychologe. Er sagt: „Hier, das gewünschte Gutachten.“ Nicht geeignet – steht darauf. „Geben Sie mir sofort das Lehramtszeugnis zurück!“ zetert der Direktor der Pädagogischen Akademie.

Ein Typ, der aussieht wie ein Kriminalbeamter, sagt cool: „Kindesmißhandlung – Sie wissen, was darauf steht.“
Am schlimmsten ist jedoch die Meute, die mit Transparenten die Schulstraße heraufzieht. Es sind die Eltern meiner Schüler, sie rufen: „Gebt ihn heraus, er hat das Leben unserer Kinder verpfuscht!“

Lehrunlust

Natürlich hatten sich meine Schüler nicht von einem Tag auf den anderen verändert. Natürlich wollte mich niemand einsperren. Niemand wollte mir an den Kragen – das war alles ja gottseidank nur ein böser Alptraum. Aber woher kam dieser Alptraum? War nicht doch etwas Wahres dran? Hatte ich nicht doch irgendwelche Sorgen, ja Ängste? Sind die Schüler im Laufe meiner Dienstjahre als Volksschullehrer nicht wirklich anders geworden? Oder bin ich als Lehrer schlechter geworden? Habe ich abgebaut? Nein, das durfte nicht wahr sein! Ich bin sicher nicht schlechter geworden als Lehrer – ich habe doch im Laufe meiner Dienstjahre einiges dazugelernt – und trotzdem hatte ich ein deprimierendes Gefühl: Die Schüler werden immer fauler, lustloser, unaufmerksamer, schlicht – der Unterricht geht immer zäher.

Ich habe schon vieles versucht. Ich versuchte es mit noch besserer Vorbereitung. „Anschaulichkeit des Unterrichts“ – ein Wort wie aus einem Zauberbuch! Ich kramte noch tiefer hinunter in die Trickkiste der Lehrmittel, wühlte mich noch mehr in die Schatzkammer unserer Schule – in das Lehrmittelzimmer – hinein, eine Steigerung der Lernlust meiner Schüler blieb jedoch aus.
Was tun?
Folgende realistische und irreale Möglichkeiten teilte mir mein innerer Gedankensturm mit und, ich sage es gleich, verunsicherte mich noch mehr.

Liste der Lehrunlustspekulationen

- Ich muß mich fortbilden, Vielleicht bin ich nicht mehr auf dem neuesten Stand?
- Ich muß mich zusammenreißen. Vielleicht bin ich schon zu schlapp?
- Ich muß mich besser vorbereiten. Vielleicht gibt es bessere Arbeitsblätter, schönere Tafelbilder, interessantere Vorträge?
- Ich muß besser ausgeschlafen in die Schule kommen. Vielleicht sollte ich meiner Stammkneipe den Freundschaftsvertrag aufkündigen?
- Ich muß den Unterricht mehr straffen. Vielleicht bin ich zu wenig streng?
- Ich muß eine andere Ordnung in die Klasse hineinbringen. Aber welche?
- Ich muß mich um einen anderen Beruf umsehen. Aber um welchen? Ich habe ja schließlich nichts anderes gelernt.
- Ich muß einfach mehr Geduld mit den Schülern haben. Aber sie sagen ja immer, daß ich eh so nett bin – und trotzdem wollen sie nicht gerne in die Schule gehen.

Ist der Lehrer selber schuld?

Die Liste der Lehrunlustspekulationen blieb auf jeden Fall unvollständig. Denn Gründe, die man bei sich suchen könnte, gibt es viele. Um etwas Ordnung in die leidige Schuldfrage zu bekommen, suchte ich Rat bei Kollegen. Ich wollte wissen, ob ich ein schlechter Lehrer sei, ob es eben in der Schule nicht anders ginge, oder ob die Schüler von heute wirklich immer schwieriger würden.
Der gutgemeinte Trost der Kollegen lautete:
„Ja, meine Schüler sind auch so."
„Aber du kommst doch mit deiner Klasse gut zusammen!"
„Mehr ist eben nicht drin. Man muß realistisch sein."
„Ich verstehe nicht, was du immer für Schwierigkeiten hast."
„Was ist denn mit dir auf einmal los?"
„Nimm's leicht, in ein paar Wochen sind Ferien."
Nachdem mir die Auflistung der möglichen Gründe für meine Lehrunlust nicht helfen konnte, die Kollegen mir keinen Rat geben konnten, der für mich paßte, ich weiterhin keine Freude mehr an der Schule haben konnte und ich mir nach wie vor schlapp, zu streng, zu mild, zu müde, zu unausgeglichen vorkam, konnte es nur eines sein: Ja, das war es – die Midlife-crisis kündigte sich an. Zuerst war ich mir beinahe sicher, als mich ein Freund auf die Idee gebracht hatte. Aber dann sagte ich mir: Wer weiß, wie lange diese Krise dauern kann – bis dahin drehst du doch durch – das kann zehn Jahre auch dauern.
Da hatte ich gottseidank eine vorerst vielversprechende Idee. Warum nicht ein bißchen nach links und rechts schauen. Die Kollegen haben mir sicher nicht alles gesagt. Vielleicht haben sie Erfolgsrezepte, die ihnen helfen, vielleicht haben sie aber auch einfach Talent und ich nicht. Aber ich könnte ja versuchen, herauszufinden, was so ein Talent ausmacht, das die Schüler zur Freude am Lernen treibt. Ich beschloß also aufzuhören, in meinem eigenen Saft zu schmoren, beschloß, etwas Betriebsspionage zu betreiben.
Besonders imponierte mir, wenn ich merkte, daß so mancher Kollege Methoden und Tricks gefunden hatte, auf sanftem Weg seinen Schülern die Lernanstrengung schmackhaft zu machen, ja manchen Lehrern gelang es sogar, den Schülern einzureden, daß sie nicht arbeiteten und lernten, sondern daß sie spielten. Als ich merkte, wie diese Lehrer und deren Schüler davon begeistert waren, fühlte ich die Lösung meines Lehrproblems in Sichtweite. Schon meine ersten Begegnungen mit spielerischem Lernen bauten mich auf.

Ich merkte, daß viele Lerninhalte, die früher lustlos, mit Schimpfen, Antreiben und Ärger erledigt wurden, nun mit gleichem Lernerfolg in freundlicher und fröhlicher Atmosphäre, ohne große Ermüdungserscheinungen seitens der Schüler erledigt wurden. Als Lehrer hatte ich allerdings mehr zu tun als früher. Ich brauchte ganz schön viel Einsatz, wenn ich mit meinen Schülern „spielerisches Lernen“ übte.

Hat man Großgruppenspiele vor, muß man als Lehrer ein geschickter Animator und Spielleiter sein. Spielen die Kinder in der Kleingruppe, eilt man von Gruppe zu Gruppe, regt an, schlichtet Konflikte, teilt ein, sichtet Ergebnisse, und so geht es stressig dahin. Bei Partnerspielen oder Einzelspielen hat man als Lehrer im Unterricht weniger zu tun, aber die Vorbereitungsarbeit für solche Spiele ist oft enorm.

Trotzdem machte mir das Lernen mit Spielen selber viel Spaß, und ich ging wieder gerne zur Schule. Es ist mühsam, aber der Lehrer, der sich die Mühe nicht antut, ist selber schuld, dachte ich mir.

Allerdings kam es manchmal bei mir zu einem komischen Gefühl, wenn die Schüler am Ende eines Schultages sagten: „Heute war es wieder super in der Schule! Wir haben gar nichts gelernt.“ Ich versuchte ihnen zu erklären:

„Natürlich habt ihr heute viel gelernt, bei diesem Spiel dieses, bei dem Spiel jenes.“

„Nein, wir haben nur gespielt.“

Diese Schüleräußerungen kamen mir nicht ganz geheuer vor. Ich wollte doch auch, daß sich die Schüler bewußt würden, daß sie in der Schule viele nützliche Dinge lernten. Außerdem wollte ich, daß die Schüler Anstrengungen und Arbeit auch als sinnvolles Tun achten lernten. Davon waren aber meine Schüler offensichtlich weit entfernt. Das mußte sich ändern!

Sind die Schüler schuld?

Wollten die Schüler denn nur spielen? Wollten sie jede Anstrengung vermeiden und bestenfalls beim Fußballspielen in Schweiß ausbrechen? Mußte man denn alles in Zuckerlpapier einpacken, damit die Herrschaften zu einer ernsthaften Beschäftigung mit dem Inhalt zu bewegen seien?

Aber wie sollte ich es verpacken?

Oder ist vielleicht keinerlei Verpackung – in welcher Form auch immer – notwendig, lernen wir vielleicht ganz unnatürlich? Vorerst blieb es jedoch für mich dabei: Nachdem ich lange genug an mir selber gezweifelt hatte, ich mich aber wirklich bemühte und alles tat, was ich konnte – die Schüler sind selber schuld, wenn die Schule keinen Spaß macht. Du kannst mit den Schülern tun was du willst, du kannst den Showmaster spielen wie Rudi Carell persönlich, du kannst dich aufführen wie der wildeste Diktator, du kannst sie geduldig behandeln wie eine Geburtshelferin, die tun nicht so wie du willst, die Kinder von heute sind eben so. Wie sind sie?

Eine Reihe von Eigenschaftswörtern rasselte hemmungslos durch meinen Kopf und bildete dort ein bedrückendes Knäuel, das ich am besten loswerden hätte können, hätte ich es den Schülern an den Kopf geworfen – aber als gelernter Pazifist und studierter Pädagoge tut man das nicht, ja denkt man das nicht einmal, aber aufschreiben hätte meine Seele vielleicht erleichtert.

Etwa so:

Ihr seid

Nein, das kann es auch nicht sein. Ich erschrecke vor der Liste, die jeglicher pädagogischer Zuversicht entbehrt. Diese Liste liest sich doch wie die Beschreibung eines außerirdischen Monsters. Schwamm darüber, weg mit dieser Liste, bevor sie jemand zu lesen bekommt.

Sind die Eltern schuld?

Nachdem ich weiterhin versuchte, ein guter Pädagoge zu sein und es daher unterließ, mit Schimpfkanonaden auf meine Schüler loszuballern, begab ich mich weiter auf die kriminalistische Suche nach dem Täter, der in meuchelmörderischer Manier Lernlust von Schülern und Lehrern niedermetzelte.
Wenn ich so in die netten, unschuldigen Gesichter meiner Schüler blickte, wußte ich doch – sie waren Opfer, nicht Täter. Wir hatten doch so viele schöne Erlebnisse miteinander in der Schule, und sie mochten mich eigentlich sehr – nur die Schule und das Lernen, das mochten sie nicht. Aber ich, ich wußte im Grunde meines Herzens, daß Lernen etwas Gutes und Wichtiges ist. Und es kann doch auch schön sein.
Eigentlich waren sie wirkliche Unschuldslämmer, wenn sie so dasaßen in ihren Schulbänken und ich mich zwischen Tafel und Sitzreihen aufbaute und mit bedeutungsvoller Miene signalisierte: So Kinder, jetzt kommt im Unterricht etwas ganz Wesentliches. Wer von euch wird es wohl am schnellsten kapieren? Und meist schauten dann alle so drein, als ob sie kapieren würden.
Da wußte ich es plötzlich für kurze Zeit ganz genau: Nicht wir in der Schule, wir Lehrer und Schüler sind es, die die Schuld an der Lernunlust tragen, nein es muß an außerschulischen Bedingungen liegen: Die Eltern sind schuld!

Die Eltern sind es, die meinen Schülern und mir durch verfehlte Erziehung zu Hause das Leben in der Schule schwer machen. Konnte man es nicht allerorts nachlesen:

- Zu strenge Erziehung durch Strafen, ja sogar durch Schläge.

- Zu nachgiebige Erziehung. Die Eltern geben zu viel Belohnungen, lassen sich von den Kindern erpressen.
- Die Eltern wollen auf die Kinder keinen Einfluß nehmen, lassen alles laufen.
- Die Eltern erziehen die Kinder zu Konsumidioten. Es zählt nur Fernsehen, Video, Coca-Cola.
- Die Schule erscheint vielen Eltern heute nicht mehr als wichtig.

Die Elternschule

Nachdem ich also zu dem Schluß gekommen war, daß das Elternhaus Lernunlust verursache, schritt ich zur Tat. Die Eltern mußten her. Meine Versuche, bei den Elternsprechtagen Licht in die Misere zu bringen, scheiterten jedoch zuerst an folgenden Problemen: Kaum glaubte ich, einem häuslichen Lern- oder Erziehungsfehler auf der Spur zu sein, waren die 15 Minuten Sprechzeit beim Elternsprechtag um, und ich bekam das Gefühl, daß die draußen wartenden Eltern mir bald die Tür eindrücken würden. Außerdem gab es da noch eine Schwierigkeit: Die meisten Eltern kamen mit dem Ansinnen zum Elternsprechtag, etwas über den Leistungsstand und nebenbei auch über das Verhalten ihres Kindes in der Schule zu erfahren. Ich aber wollte wissen, wo zu Hause der Hund begraben liege. Manchmal konnte ich zwar erfahren, wo diese Stelle war, aber die Eltern wollten von mir absolut keine guten Tips annehmen, wie sie ihr Familienleben so gestalten könnten, daß die Lernlust des Kindes steige. Manchmal gaben mir Eltern recht und versprachen dieses und jenes, der Erfolg war jedoch meist nicht zufriedenstellend. Es wurde mir klar: Probleme lassen sich in 15 Minuten Gesprächszeit nicht lösen. Da kam ich auf den Gedanken, den Eltern eine wöchentliche Sprechstunde anzubieten.
Meine Freistunde, die Religionsstunde meiner Schüler am Mittwoch in der dritten Stunde, wurde nun meine Sprechstunde. Ich konnte ja, falls keine Eltern zu Gesprächen kamen, Hefte verbessern oder Kaffee trinken. Also wurde eine Mitteilung an die Eltern ausgesandt – nein, es war eine hübsch gestaltete, freundliche Einladung – doch ich mußte viel Kaffee trinken und viele Hefte verbessern in meiner Sprechstunde, denn Eltern kamen keine. Ich dachte mir: „Sehen die denn die Schulprobleme ihrer Kinder nicht, sind ihnen die Probleme egal, haben sie Angst vor mir, fehlt das Vertrauen, vertrauen sie einzig und allein auf mich und lassen mich alles alleine lösen, oder haben sie keine Zeit, weil sie alle berufstätig sind?“

Nach einigem Grübeln fand ich jedoch auch da eine Lösung. Die Eltern hatten vermutlich eine Schwellenangst – ja, das konnte es sein. Wer geht schon gerne zu einer Sprechstunde wie zu einem Zahnarzt? Die Eltern brauchen den Schutz der Gruppe, meinte ich. Das können sie haben, ich muß nur Elternabende veranstalten.

Bei einem Elternabend fühlt sich keiner dem Lehrer ausgeliefert, man kann notfalls ganz hinten in der letzten Reihe sitzen, man kann „leider etwas früher gehen müssen", man kann hoffen, daß andere gleicher Meinung sind, man kann darauf warten, daß andere die heiklen Themen anschneiden. Mit diesen Sicherheiten versehen, werden viele Eltern zum Elternabend kommen, dachte ich mir. Und tatsächlich, die Elternabende waren brav besucht. Ich hielt Vorträge, die Eltern lauschten, gähnten später gelegentlich, waren jedoch höflich, stellten am Ende meines Vortrages manche Frage, die mir bewies, daß man gut aufgepaßt hatte. Allein die Begeisterung fehlte. Und irgendwann kam mir der Gedanke: Die tun vielleicht nur so, als ob sie zuhören würden. So richtig aktiv, lernbereit, begeistert sind sie nicht. Und ich mußte dabei an meine Schüler denken – nur daß die Erwachsenen nicht aufzeigten. Trotzdem – die Elternabende hatten den Vorteil, daß die Eltern vermehrt bemerkten, daß ich mir viel Mühe gab, daß ich auch gut vortragen konnte und daß es an ihnen lag, ob sie beim Vortrag aufpassen und etwas mitkriegen wollten. Oder lag es überhaupt an der Tatsache, daß Vorträge, die länger als eine halbe Stunde dauern, wenig Chance auf Gewinn haben? Gewinn brachten mit Sicherheit die Gespräche außerhalb der Vorträge in gemütlicher Runde. Dort war das Thema frei, jeder setzte sich so wie er wollte, beteiligte sich so wie er wollte. Dort erfuhr ich als Lehrer auch einiges über die Familien meiner Schüler und kam drauf: Die meisten Eltern haben doch sehr vernünftige Ansichten und bemühen sich sehr um ihre Kinder. Ich konnte also die Lernunlust meiner Schüler nicht generell den Eltern meiner Schüler in die Schuhe schieben, wenngleich es vereinzelt Familien gibt, in denen „Lernen" Nebensache sein mag.

Der Schülerschule auf der Spur

Mit Kollegen hatte ich bereits zur Genüge über die Lernunlust der Schüler gesprochen, hatte es mit Elterngesprächen probiert, hatte mit meiner Frau über das Problem gesprochen, nur meine Schüler – ja, die waren eigentlich auch noch da.

Konnte ich als Erwachsener, ich als Lehrer zu ihnen sagen: „Kinder, ich habe ein Problem?" Würden die Kinder dann nicht das Vertrauen zu mir verlieren oder gar den Respekt? Oder würden sie mich insgeheim auslachen und zu Hause erzählen: „Unser Lehrer, der hat Schwierigkeiten."

Aber, genaugenommen war das Problem doch nicht nur meines. Ihnen war ja fad in der Schule, ihnen kam die ganze Anstrengung doch sinnlos vor. Mein Problem bestand doch in erster Linie darin, diese Unlust mitansehen zu müssen.

Ich hatte also vor, auf die Probleme meiner Schüler einzugehen. Niemand würde das absonderlich finden, es würde zum Bild des verständnisvollen, netten Lehrers passen. Aber wie wälzt man Schülerprobleme mit der ganzen Klasse? Ich hatte schon öfter etwas von „Schülerkonferenzen" oder „Meckerrunden" gehört, wo Schüler ihren Unmut äußern können. Aber ich hatte keine Lust, mir von Schülern ihren ganzen Müll an den Kopf werfen zu lassen.

Ich beschloß daher, die Meinung meiner Schüler vorerst einmal schriftlich zu erheben. Vorweg erfolgte eine mündliche Erläuterung meinerseits:

„Ich habe heute mit euch etwas Besonderes vor. Ich glaube, daß es euch Spaß machen wird." Die Schüler nickten höflich, aber mir entging ein Schimmer des Mißtrauens und der Ungläubigkeit in ihren Mienen nicht. Zu oft schon hatte ich versucht, mit ähnlichen Worten ihre Aufmerksamkeit für Themen zu gewinnen, die sie nicht sonderlich interessierten.

„Mir fällt in letzter Zeit immer mehr auf, daß ihr über die Arbeit stöhnt, daß ihr nur am Spielen Spaß habt. . ."

Die Mienen meiner Schüler zeigten mir: Aha, jetzt ist die Katze aus dem Sack, er belehrt uns wieder einmal, daß wir eifriger sein sollen. Da wußte ich: Ich werde keine Chance auf ehrliche Meinungsäußerung meiner Schüler haben, wenn nicht auch ich zu voller Ehrlichkeit bereit wäre.

Das ehrliche Problem lautete wohl so: „Kinder, mir fällt auf, daß wir alle keine große Freude am Schulegehen haben."

„Was, Sie auch nicht?"

„Nein, ich auch nicht, genausowenig wie ihr. Und ich möchte, daß wir uns alle Gedanken machen, wie wir das ändern können."

Irgendwie waren meine Schüler überrascht. Bis dahin war das Bild, das sie von mir hatten, das eines Lehrers, der immer von dem, was er mit den Schülern vorhatte, begeistert war, und nur sie manchmal nicht in der Lage waren, dieser Begeisterung zu folgen, was ich durch ermunternde Worte wie: „Findet ihr nicht auch, daß das sehr interessant ist?" oder „Ist doch toll, was?" zu beeinflussen versuchte. Im großen und ganzen mußten die Schüler das Gefühl haben, daß mir der Schulbetrieb wie er eben ablief gefiel. Und weil sie mich gut leiden konnten, wollten sie mir dabei nicht ständig die Freude verderben, und so mancher wollte mir durch brave Mitarbeit auch gut zu Gesicht stehen. Und jetzt sollte alles auf einmal ganz anders sein?

In diesem Moment spürte ich eine große Spannung im Klassenzimmer. Ich brach die Spannung endlich, indem ich die Zettel austeilte, auf die die Schüler anonym stichwortartig jene Dinge des Schullebens aufschreiben sollten, die sie am wenigsten mochten. Untenstehend eine Zusammenfassung der Schüleräußerungen, sozusagen eine

„Liste der Lernunlustverursacher":

Schreiben ist fad.
Die anderen schreien raus.
Ich komme so selten dran.
Wir gehen so selten schwimmen.
Der Lehrer hält so lange Vorträge.
Der Lehrer hält uns lange Predigten.
Ich mag in der Früh nicht aufstehen.
Der Lehrer erzählt zu wenig Geschichten.
Es gibt oft Streit.
Der Lehrer soll öfter was vorlesen.
Es wird oft jemand ausgestoßen.
Es wird zu wenig gespielt.
Ich möchte weniger Ansagen.
Wir sollen öfter Werken haben.
Ich möchte beim Austeilen öfter dransein.
Kinder, die mit dem Schulbus fahren, müssen lange warten.
Die Hausübung ist fad.
Die anderen stören mich.
Zeichnen wir doch mehr.
Der Lehrer soll nicht ins Konferenzzimmer gehen.

Ich selber hatte mir also meinen Unmut bewußt gemacht und auch der Unmut meiner Schüler war nun deutlich formuliert. So manche Schüleräußerung rief bei mir Schmunzeln hervor, aber besonders die Äußerungen, die mir in der Praxis unabänderlich vorkamen, wertete ich als Indiz dafür, daß die Schüler frisch von der Seele weg geschrieben hatten. Ich freute mich über die Ehrlichkeit der Schüler. Irgendwas war bei mir in Gang gekommen. Ich wollte nun irgendwie in dieser Richtung weitertun, hatte aber keine genaue Vorstellung davon. So beschloß ich, die Zettel der Schüler nicht in der Schublade verschwinden zu lassen, sondern sie weiter auszuwerten. Die Schüler konnten dadurch auch spüren, daß mir das, was sie geschrieben hatten, wichtig war. Ich mischte die Zettel und teilte je zwei Zettel an Schülerpaare aus, mit dem Hinweis zu überlegen, welche Möglichkeiten sie sähen, wie auf die geäußerten Wünsche und Beschwerden durch Maßnahmen im Unterricht eingegangen werden könne.

Bei der darauffolgenden mündlichen Präsentation dieser Gruppenarbeit stellte sich heraus, daß es Schüler gab, die zwar manche Bedingung des Schullebens für schlecht hielten, aber nicht daran glaubten, daß Abhilfe zu schaffen sei.

Andere Schüler erregten durch utopische und irreale Änderungsvorschläge bei den „harten Realisten" unter den Schülern Unmut. Manche Schüler schlugen vor, daß eine Änderung in Richtung mehr Zucht und Ordnung zwar unangenehm, aber eben richtig sei. Ein Schülerpaar überreichte mir sogar einen „Bestrafungsvorschlagskatalog", der einer englischen Privatschule des vorigen Jahrhunderts abgeschaut schien.

Mit Freude registrierte ich jedoch den großen Eifer und die Begeisterung der Schüler bei

dieser Arbeit. Vielleicht kam ihre Motivation daher, daß sie merkten, wie wichtig mir ihre Meinung war. Ich vermied, illusorische Vorschläge abzuqualifizieren – die Schüler waren am Wort. Ihre Begeisterung für demokratische Vorgänge sollte ich später immer wieder bemerken.
Meine Begeisterung wurde etwas gedämpft, als ich merkte, daß viele Schüler nur utopische Lösungen nennen konnten oder – das andere Extrem – sich Schule nur so vorstellen konnten, wie sie eben war. Es war mir klar, daß die Schüler nur solche sinnvollen Vorschläge äußern konnten, die sie schon bei mir im Unterricht praktisch erlebt hatten oder die sie von anderen Lehrern kannten. Insofern wäre, hätte ich mich auf die Schülervorschläge verlassen, alles ziemlich beim alten geblieben.

Beispiele durchführbarer Schülervorschläge:

sich selber woanders hinsetzen dürfen
weniger Vorträge des Lehrers
oft Gruppenarbeit
mehr selbständiges Lesen
abwechslungsreiche Arbeitsblätter
wer fertig ist, darf etwas spielen.

Ein Rezept für die Änderung meines Unterrichts

Wo war das Buch nur – das Buch über Freinet-Pädagogik, das ich in meiner Studienzeit gelesen hatte, und war da nicht auch etwas von Maria Montessori gewesen und dem Petersen-Plan? Irgendwann hatte ich auch etwas von antiautoritärer Erziehung in Summerhill gelesen. Aber waren das nicht lauter gewagte Konzepte? Hatte nicht Freinet Anfang unseres Jahrhunderts seine Ideen verwirklicht und das in Frankreich? Brauchte man nicht dafür eine Druckerei, die tausende Schilling kostete? Brauchte man da nicht Partnerklassen für den Briefverkehr und eine Organisation zum Materialaustausch? (Inzwischen weiß ich, daß es dergleichen auch in deutschsprachigen Landen gibt und daß eine Orientierung an Freinet-Pädagogik auch ohne Druckerei möglich ist.)
Brauchte man nicht für Montessori-Pädagogik eine eigene umfangreiche Ausbildung und Material im Wert von über hunderttausend Schilling?
Waren die Begriffe der antiautoritären Erziehung nicht etwa Schlagworte der sechziger Jahre?
All diese Zweifel an bestehenden Konzepten ließen in mir den Entschluß aufkeimen: Ich mache mir mein eigenes Kochbuch unter dem Motto: Ich fange mit einfachsten Speisen an und versuche diese einfachen Speisen immer mehr zu verfeinern. Zuerst spezialisiere ich mich auf die Vorspeise. Dann probiere ich einfache Hauptspeisen, die ich wiederum immer mehr verfeinere. Nun kann ich mir und meinen Gästen schon zwei hervorragend mundende Gänge servieren. Nun lerne ich, auch einfache Nachspeisen zuzubereiten und schließlich die bekömmlichsten Schlüsse. Ich serviere nun die feinsten Diners mit drei Gängen, lerne, die einzelnen Gänge aufeinander abzustimmen. Parallel dazu lerne ich, die Speisen ansprechend zu arrangieren, benötige schrittweise zusätzliches Kochgeschirr und spezielles Eßgeschirr für neu entdeckte Speisen. Ich lerne, den Tisch immer gefälliger zu decken, verfeinere meine Tischmanieren, richte Küche und Speisezimmer schrittweise neu ein, lade verschiedenste Gäste ein.

Im Laufe eines Jahres wurde aus einem „Eintopfkoch“, der mit dem Löffel täglich seine Einheitskost schlürfte, ein Koch eines Luxusrestaurants, der sich selber in vorzüglicher Atmosphäre die erlesensten Speisen serviert. Zurück zur Schulwirklichkeit! Was soll dieser Vergleich? Ich habe vor, mich und meine Schüler vom Kochen und Verzehren des pädagogischen Eintopfs in kleinen, risikolosen und erfolgreichen Schritten abzubringen: Das Ziel ist der Schüler, der seinen wöchentlichen Speiseplan selber erstellt, entsprechend plant (wie der Restaurantchef), selber kocht (wie sein eigener Küchenchef), selber serviert (wie sein eigener Oberkellner) und selber genießt (und verdaut). Der „Speiseplan“ sollte „Wochenplan“, die „Menükarte“ „Tagesplan“, das „individuelle Kochen“ „selbständiges Lernen“ heißen.
Die nächsten Kapitel beginnen also bei einfachen „Vorspeisen“, einfachen Vorbedingungen zum „offenen Lernen“.

Die Puzzleteile des offenen Lernens

Die Veranschaulichung mit den Puzzleteilen soll auch zeigen, daß in jeder Phase die meisten Elemente der vorangegangenen Phasen wieder vorkommen.

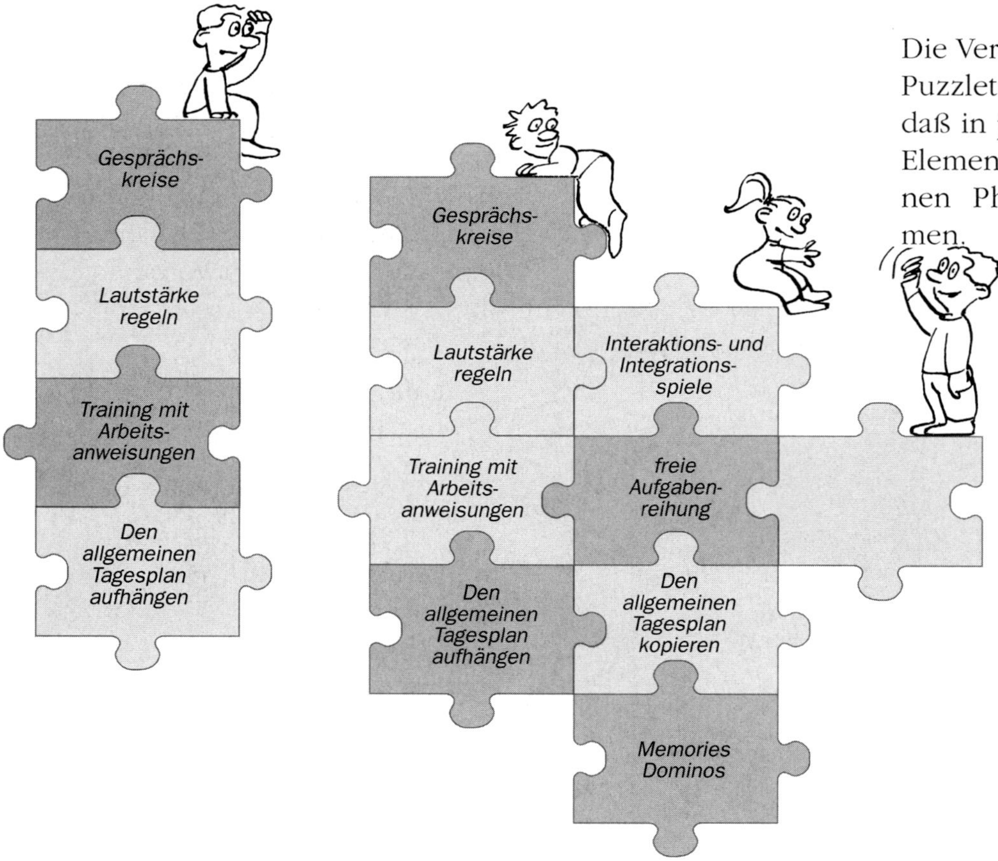

Jede Phase dauert ca. 2 bis 4 Wochen. Jeder Lehrer baut sich sein eigenes Puzzle. Teile, die ich in Phase 3 erst eingefügt habe, haben andere Lehrer bereits in Phase 1 oder gar in der Phase Null in ihrer Klasse eingeführt. Jeder Lehrer verwendet verschieden viel Zeit beim Zusammensetzen seines Puzzles. Für viele Lehrer läßt sich nicht schon in der Phase 1 vorausplanen, aus welchen Puzzleteilen Phase 3 bestehen wird. Der Lehrer muß sich hier nach den Fortschritten der Schüler und nach seinen eigenen Schwerpunkten richten.

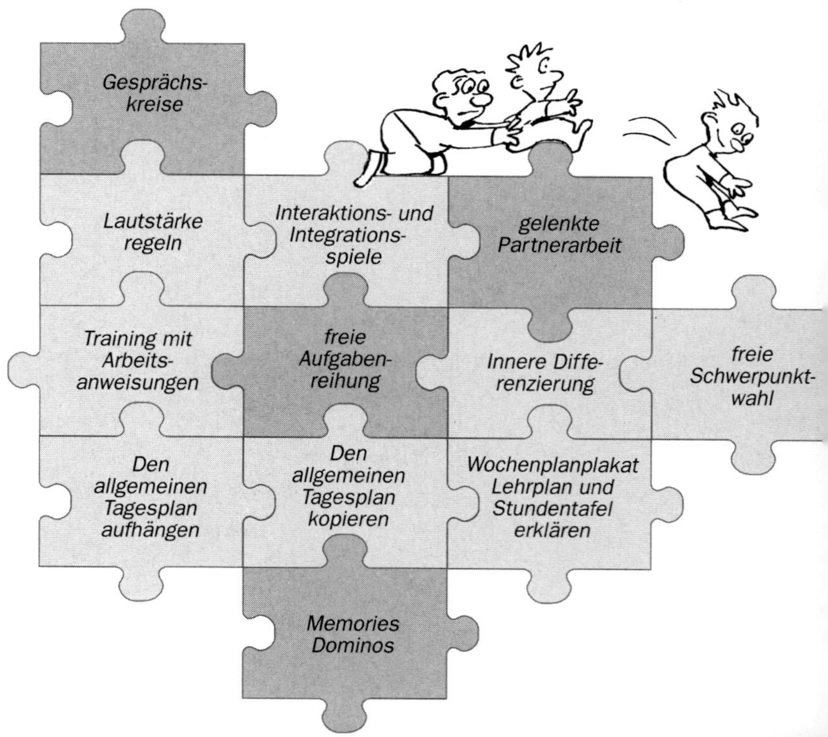

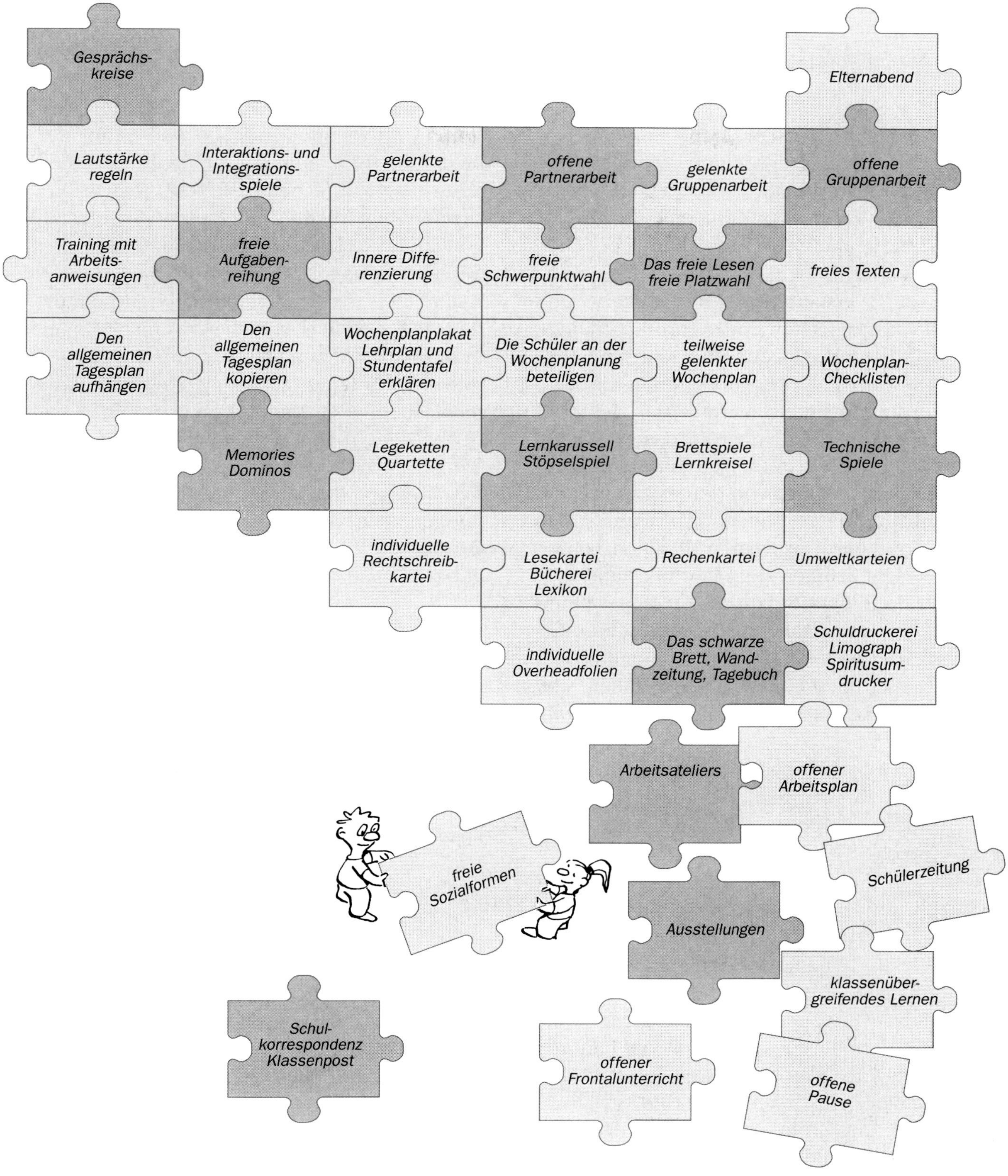
Gesprächs-
kreise
Elternabend
Lautstärke
regeln
Interaktions- und
Integrations-
spiele
gelenkte
Partnerarbeit
offene
Partnerarbeit
gelenkte
Gruppenarbeit
offene
Gruppenarbeit
Training mit
Arbeits-
anweisungen
freie
Aufgaben-
reihung
Innere Diffe-
renzierung
freie
Schwerpunktwahl
Das freie Lesen
freie Platzwahl
freies Texten
Den
allgemeinen
Tagesplan
aufhängen
Den
allgemeinen
Tagesplan
kopieren
Wochenplanplakat
Lehrplan und
Stundentafel
erklären
Die Schüler an der
Wochenplanung
beteiligen
teilweise
gelenkter
Wochenplan
Wochenplan-
Checklisten
Memories
Dominos
Legeketten
Quartette
Lernkarussell
Stöpselspiel
Brettspiele
Lernkreisel
Technische
Spiele
individuelle
Rechtschreib-
kartei
Lesekartei
Bücherei
Lexikon
Rechenkartei
Umweltkarteien
individuelle
Overheadfolien
Das schwarze
Brett, Wand-
zeitung, Tagebuch
Schuldruckerei
Limograph
Spiritusum-
drucker
Arbeitsateliers
offener
Arbeitsplan
freie
Sozialformen
Schülerzeitung
Ausstellungen
klassenüber-
greifendes Lernen
Schul-
korrespondenz
Klassenpost
offener
Frontalunterricht
offene
Pause

1. Die Lautstärke regeln

Die Sprache ist unser wichtigstes Lehr- und Lernmittel – die geschriebene Sprache, vor allem aber das gesprochene Wort, ist für gegenseitige Information und somit für das Miteinander-Lernen von großer Bedeutung.
Die Sprache muß für den Angesprochenen gut verständlich sein. Undeutliche Sprache führt zu Verständnisschwierigkeiten und Ermüdung und letzten Endes zum Abschalten, wie bei einem Radiogerät, das schlechte Tonqualität besitzt. Starke Nebengeräusche können nur kurzfristig ertragen werden. Ich erinnere mich mit Unbehagen an das verärgerte Verhalten meines Vaters, wenn er beim Nachrichtenhören zu stark von den anderen Familienmitgliedern beeinträchtigt wurde. Ich denke auch mit Unbehagen an jenen Lehrer, der mit dem Schüler, der nicht nur zufällig in der letzten Bank saß, von seinem angestammten Platz vor der Tafel aus, so laut schimpfte, daß ich, der weil ich ein „braver Schüler" war in der ersten Reihe saß, eigentlich der Bestrafte war, weil ich die größte Phonzahl abbekam.
Beim offenen Lernen wird viel gesprochen; paarweise, in Gruppen, mit dem Lehrer, mit Mitschülern. Sprechen ist nicht Schwätzen. Das Sprechen ist nicht nur erlaubt, es ist das Mittel zum Sprechenlernen, das Mittel, jener „Sprachlosigkeit" und „Sprachunfähigkeit" mancher Personengruppen zu begegnen, und das Mittel zu lernen, miteinander angemessen zu sprechen. Das Sprechen ist die am häufigsten verwendete Mitteilungsform, sie wird von den meisten Menschen viel häufiger verwendet als das Schreiben und bedarf deshalb einer entsprechenden Übung.
Seine Meinung so zu äußern, daß man den anderen nicht „niederfährt", den anderen kritisieren, ohne ihn zu verletzen, den anderen informieren, daß er sich auch wirklich auskennt, das ist nicht durch einen theoretischen Vortrag des Lehrers möglich und kann auch nicht im Frontalunterricht geübt werden, denn hier würde bei einer Unterrichtsstunde von fünfzig Minuten und einer Schülerzahl von 25 die Redezeit pro Schüler lediglich zwei Minuten betragen. Wie soll er da lernen zu reden? Meist halten die Menschen diese kurze Redezeit nicht aus und deshalb nicht ein: Sie unterbrechen den anderen, rufen dazwischen, reden gleichzeitig. Wir kennen das vom Parlament oder sonstigen Diskussionen unter Erwachsenen. Das zeigt aber auch, daß die Menschen bisher nicht gelernt haben, geeignete Gesprächsregeln und Gesprächsbedingungen zu schaffen.

Wie ist es möglich, die Schüler möglichst viel und häufig sprechen zu lassen, ohne daß es in der Klasse wie in einem Heurigenlokal zugeht? Das Wort „Heurigenlokal" brachte mich auf eine Idee: Gibt es nicht auch andere Lokale? Gibt es da nicht auch das gepflegte Kaffeehaus, in welchem an fast jedem Tisch gesprochen wird, die Atmosphäre aber von

den Menschen nicht stressig, nicht zu laut, sondern entspannend empfunden wird?
Was ist das Wesen dieses Gesprächsverhaltens? Es ist der gedämpfte Ton. Es ist das Ansinnen, daß die Leute am nächsten Tisch nicht verstehen können, was der eine Gesprächspartner beim Fenstertisch mit seinem Gegenüber vereinbart, welche Angebote und Komplimente der verliebte junge Mann seiner Partnerin macht, welche Probleme die drei Frauen am Tisch in der Mitte mit ihren Ehemännern haben. Die gut geschulte Kellnerin in diesem Kaffeehaus geht zu jedem Tisch hin, um mit gedämpfter Stimme nach den Wünschen zu fragen. Der Herr, der soeben den dritten Cognac bestellt, tut das ebenfalls mit gedämpfter Stimme. Er ruft seine Bestellung in diesem seriösen Kaffeehaus nicht quer durch den Raum. Ja, sogar der Wunsch nach der Rechnung erfolgt nicht wie im Heurigenlokal mit einem lauten „Zahlen!", sondern durch einen Wink oder mit gedämpfter Stimme, wenn die Kellnerin gerade vorbeihuscht.
Die ruhige, entspannte Atmosphäre wird noch begünstigt durch den vorsichtigen Umgang der Kellnerin mit dem Tablett und den darauf befindlichen Requisiten. Kein lautes Geschepper schreckt den Herrn hinter seiner Tageszeitung auf – die Kellnerin hat schließlich Manieren. Die Frau Chefin erscheint im Gastzimmer. Sie geht von Tisch zu Tisch, spricht mit den Gästen, was am nächsten Tisch schon wieder nicht verstanden wird und gibt der Kellnerin halblaute Anweisungen.
Die Lautstärke im Klassenzimmer sollte beim offenen Lernen etwa dieser gedämpften Kaffeehauslautstärke entsprechen. Wie soll man das den Kindern begreiflich machen?
Machen wir Spiele!

Geräuschkulisse

Die Klasse teilt sich in zwei Gruppen. Jede Gruppe überlegt sich Situationen, in denen mehrere Menschen in einem Raum gleichzeitig sprechen: Warteraum, Autobus, Restaurant, Party, Großraumbüro ... Sie besprechen auch, welche Themen in diesen Räumen häufig behandelt werden. Die Situationen werden auch ausprobiert. Dabei wäre es günstig, wenn beide Gruppen in getrennten Räumen üben könnten. Nun spielt jede Gruppe der anderen ihre Situation vor. Die andere Gruppe versucht zu raten, was dargestellt wird. Die Situationen werden auch auf Tonband aufgenommen. Beim Abspielen der Tonbänder versucht die Rategruppe nochmals, die Situation zu erkennen. Den Kindern wird bewußt, daß in verschiedenen Situationen verschieden laut gesprochen wird. Bei der „Marktszene" oder „Gasthausszene" werden sie möglicherweise erstaunt über das phonetische Chaos sein. Es wird nun besprochen, welche Situationen als angenehm und welche als unangenehm empfunden wurden. Wir versuchen nun, diese Erkenntnisse auf den Schulalltag zu übertragen. Wir spielen eine Schulsituation mit gedämpfter Lautstärke und eine mit lautem Geschrei kreuz und quer durch die Klasse. Die Tonbandaufnahme zeigt uns wiederum den Unterschied zwischen erträglicher und unerträglicher Arbeitsatmosphäre.

Spion

Der Lehrer erzählt den Kindern von Abhörgeräten und von Spionen. Die Agenten tauschen deshalb ihre Informationen geheim aus. Eine Schülergruppe erhält einen „Geheimtext". Diese Schülergruppe sitzt in der Mitte der Klasse in einem Sitzkreis. Die anderen Schüler, die Spione, stehen am Rand des Klassenzimmers. Die Schülergruppe in der Mitte liest den Text, indem jeweils ein Schüler einen Satz mit gedämpfter Stimme vorliest und dann den Zettel an den nächsten Schüler weitergibt, bis der ganze Text vorgelesen wurde. Die Spione notieren die Wörter, die sie verstanden haben. Welcher Gruppe ist es gelungen, weniger von seinem Text preiszugeben?

Abhörgerät

Während die eine Hälfte der Schüler außerhalb des Klassenraumes in Vierergruppen auf Packpapier malt, spielt die andere Hälfte der Schüler in Kleingruppen in der Klasse Brettspiele oder macht Partnerdiktate. In einer Ecke der Klasse läuft das Tonband. Nach einer vereinbarten Frist betritt die zweite Schülergruppe wieder den Raum. Das Tonband wird abgespielt. Die zweite Schülergruppe notiert, wie viele Wörter deutlich zu verstehen waren. Sie versucht auch zu erraten, welche Spiele gespielt wurden. Sind Wörter am Tonband aufgezeichnet, die von der Malgruppe stammen, ist das ein Minus für diese Gruppe.

Gerücht

Ein Spieler verläßt den Raum. Ein anderer Spieler versteckt, während sich die übrigen die Augen zuhalten, einen Zettel im Raum. Nun wird der Spieler hereingerufen, der draußen warten mußte. Derjenige, der den Zettel versteckt hat, beginnt nun allen anderen das Gerücht ins Ohr zu flüstern, z. B.: „Im Papierkorb liegt ein rosaroter Zettel mit einem Zauberwort drauf." Der Ratende soll jedoch nicht wissen, wer derjenige ist, der das Gerücht ausgestreut hat, wie das Gerücht lautet und wo das Versteck ist. Um den Ratenden zu verwirren, tuscheln alle Spieler unentwegt miteinander, gehen im Raum umher, kramen in den Regalen, unter den Tischen, im Papierkorb usw. Erfährt der Ratende das Gerücht, bevor alle anderen Spieler das Zauberwort vom Zettel abgelesen haben, so nennt er den Spieler, der so unvorsichtig war, das Gerücht zu verraten. Dieser verläßt nun als nächster den Raum.

Namenflüstern

Im Sitzkreis flüstert der Spielleiter seinem linken Nachbarn einen Vornamen ins Ohr. Dieser flüstert den Namen weiter. Der Name wandert so lange im Kreis, bis er beim Inhaber des Namens ankommt. Dieser ruft nun „STOP!" Er darf nun einen anderen Namen weiterflüstern.

Einsagen

An der Tafel stehen etwa 10 Wörter, z. B.: bitten, retten, wetten, schlittern, schütten, einfetten…

Ein Schüler steht mit dem Rücken zur Tafel. Der Lehrer wendet sich diesem Schüler zu und prüft ihn, etwa so: „Nenne mir ein tt-Wort, das mit b beginnt!“ Die anderen Schüler sagen nun dem Mitschüler hinter dem Rücken des Lehrers so ein, daß dieser zwar ein Gemurmel vernimmt, aber nicht erkennen kann, wer der Einsager war. Erkennt er den Einsager, ist dieser der Prüfling.

Das gedämpfte Gespräch kann also spielerisch veranschaulicht und trainiert werden. Den wichtigsten Effekt bietet jedoch das gute Beispiel des Lehrers.

Gesprächsregeln für den Lehrer

- Erklärungen für die ganze Klasse in angemessener Lautstärke abgeben (nicht zu leise und nicht zu laut).
- Zurufe an Einzelne beim offenen Lernen vermeiden.
- Bei der Gruppenarbeit mit den einzelnen Gruppen nur halblaut sprechen.
- Belehrungen, Klärungen, Konflikte mit einzelnen Schülern unauffällig und unter vier Augen durchführen.
- Die Schüler anregen, daß sie, wenn sie mit dem Lehrer etwas zu besprechen haben, entweder aufzeigen sollen, sodaß der Lehrer zum Schüler kommt oder daß sie zu ihm hingehen sollen.

Gesprächsregeln für den Schüler

Es gelten die gleichen Regeln wie für den Lehrer.

Die allgemeine Gesprächsregel:

> Sprich nur so laut, daß nur diejenigen, die angesprochen werden sollen, die Worte verstehen.

Beispiele

- Der Lehrer ermahnt einen Schüler. Er ruft die Ermahnung beim offenen Lernen nicht quer durch die Klasse, sondern geht zu dem Schüler hin und ermahnt ihn halblaut.
- Zwei Schüler spielen ein Lernspiel. Die Schüler am Nachbartisch, die etwas schreiben, hören lediglich ein Gemurmel.
- Ein Kind will der ganzen Klasse etwas berichten. Es spricht so laut, daß es von allen verstanden wird.
- Ein Schüler will sich mit einem Kind für den Nachmittag verabreden. Er geht zu diesem Schüler hin. Die beiden unterhalten sich flüsternd.

2. Der Gesprächskreis

Das Sitzen in der Kreisform ist den meisten Kindern aus dem Kindergarten oder aus der Vorschule geläufig. Die Kreisform bietet den Vorteil, daß jeder jeden sieht und daß es kein Vorne und kein Hinten wie bei Sitzreihen gibt. Schon die Sitzordnung symbolisiert, daß Gleichberechtigung herrscht, daß es sich um eine Gemeinschaft handelt und daß es sich um ein gemeinsames Thema dreht. Weitere Vorteile ergeben sich durch den freien Platz in der Kreismitte und durch das geordnete Nebeneinandersitzen für Tätigkeiten oder

Gespräche, bei denen einer nach dem anderen drankommen soll.

Möglichkeiten des Gesprächskreises

- Sesselkreis
- Kreis mit Sitzpölstern am Boden
- Sitzen in der kreisförmig angeordneten Leseecke
- Anordnung der Sessel um eine Tischgruppe

Die Bedeutung des Gesprächskreises beim offenen Lernen

Das offene Lernen findet einzeln, paarweise oder in Gruppen statt. Nur selten arbeitet die ganze Klasse miteinander. Deshalb muß für das Miteinander der ganzen Klasse auch eine konkrete Gelegenheit geboten werden. Diese Gelegenheit sollte zugunsten des Klassenklimas täglich sein. Die Schüler sollten mit diesem Kreis täglich rechnen können.

Der Morgenkreis

Die Kinder berichten, was ihnen am Herzen liegt, erzählen, fragen, diskutieren, lernen, die im Lehrplan geforderten Gesprächsformen in ungezwungener Form anzuwenden. Neben dieser ungezwungenen Form des Gesprächskreises gibt es Gesprächskreise mit enger umgrenzten Zielen:

Das Blitzlicht

Jeder sagt in einem kurzen Satz, was ihn momentan bewegt, wie er sich fühlt, was er sich gerade wünscht, worum er sich gerade sorgt. Die Kinder lernen, Gefühle zu äußern, die Zuhörer lernen, teilzuhaben an den Gefühlen anderer, Freude, aber auch Kummer zu teilen. Das Befinden kann auch schriftlich geäußert werden. Dies kann formlos oder mittels des „Wie geht's"-Formulars erfolgen.

Der Vorlesekreis

Geschichten, Texte, Aufsätze zu schreiben, macht vielen Kindern vor allem dann Spaß, wenn sie wissen, daß sie diese einem Kreis von Zuhörern darbieten dürfen. Nicht alle Kinder lesen ihre Texte gerne der ganzen Klasse vor, und nicht alle, die wollen, können immer drankommen. Die Schüler können auch Bücher vorstellen, aus denen sie kurze spannende Stellen vorlesen dürfen.
Der Vorlesekreis kann aber auch dem Geschichtenvorlesen durch den Lehrer dienen.

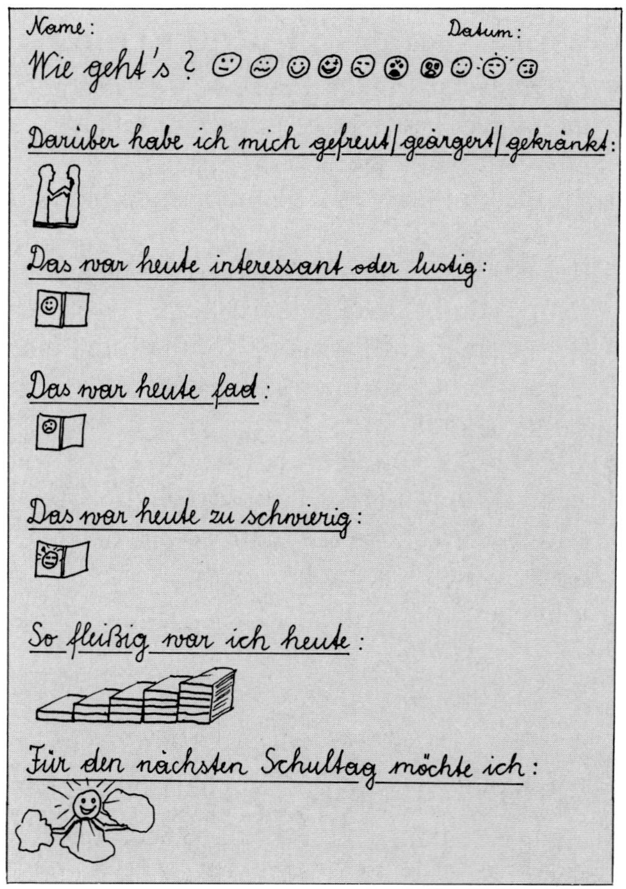
Name: Datum:
Wie geht's ?
Darüber habe ich mich gefreut/geärgert/gekränkt:
Das war heute interessant oder lustig:
Das war heute fad:
Das war heute zu schwierig:
So fleißig war ich heute:
Für den nächsten Schultag möchte ich:

Der Diskussionskreis

Einerseits dient er dazu, klasseninterne Probleme, z. B. Konflikte, zu diskutieren, andererseits kann die Diskussion der Erörterung von Problemen, die außerhalb der Klasse liegen, gewidmet sein. Der Lehrplan der Volksschule (S. 184–189) formuliert hier eine Reihe von Zielen:

- die eigene Meinung begründen;
- unterscheiden von Wesentlichem und Unwesentlichem;
- nicht alles ungefragt hinnehmen;
- rückfragen, zustimmen, ablehnen;
- sich auf Gesprächsteilnehmer und deren jeweilige Rolle einstellen;
- zu Gehörtem Stellung nehmen;
- die eigene Meinung vertreten;
- die eigene Meinung ändern;
- das Gespräch durch eigene Initiativen voranbringen;
- über den Gesprächsablauf miteinander sprechen.

Ich habe versucht, immer mehr Schülern die Rolle des Diskussionsleiters zukommen zu lassen.

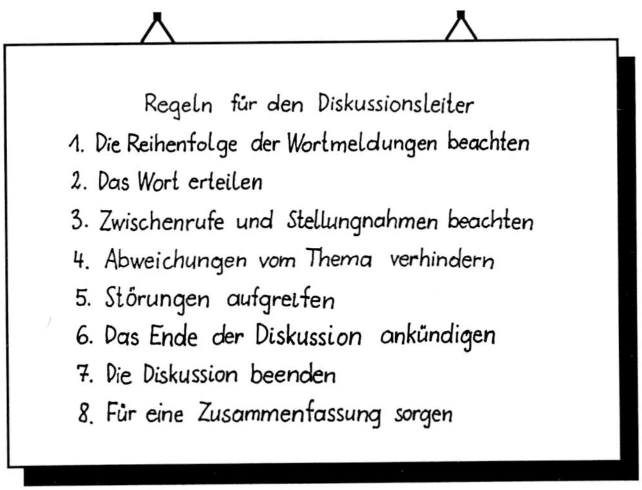

Wir entwickelten auch ein Plakat, auf welchem die Aufgaben des Diskussionsleiters festgelegt waren.
So konnten geordnete Diskussionen auch ohne den Lehrer stattfinden. Manchmal passierte es dann, daß auch in der Kleingruppenarbeit von den Schülern ein Diskussionsleiter gewählt wurde.

Der Darbietungskreis

Die Kinder zeigen Dinge, die sie hergestellt haben, erklären sie, regen andere Schüler zu Werkstücken, Experimenten und dergleichen an. Auch der Lehrer hat die Möglichkeit, von sich aus ein Lernthema zu beginnen, Materialien zu zeigen oder etwas zu erklären. Kinder, die ein Rollenspiel eingeübt haben, können dieses im Kreis vorzeigen.

Der Planungskreis

Der Lehrer kann am Montag einen Überblick über den Ablauf der Woche geben, kann freie Angebote und verpflichtende Arbeiten vorstellen bzw. diese Planung mit den Schülern im Planungskreis gemeinsam erarbeiten und schriftlich festlegen.
An einem anderen Tag können in diesem Kreis die Schüler ihr heutiges Vorhaben erklären. Dies verschafft dem Lehrer einen Überblick über das Tagesgeschehen, und auch das Interesse für die Arbeit der anderen Schüler wird geweckt. Vielleicht erfahren zwei Schüler in diesem Gespräch, daß sie heute am gleichen Thema arbeiten und entschließen sich zur Zusammenarbeit.

Der Bilanzkreis

Für die Mitschüler ist es nicht nur interessant zu hören, was der andere vorhat, sondern auch interessant zu erfahren, wie dieses Vorhaben ausgegangen ist. Es ist für die Kinder eine zusätzliche Motivation, geplante Arbeiten zu einem befriedigenden Ergebnis zu bringen. Der Bilanzkreis kann am Ende der Woche stattfinden oder aber an mehreren Tagen am Ende des Unterrichts.

3. Der Spielkreis

Hier können Unterhaltungsspiele, Konzentrationsspiele, Interaktionsspiele und Rollenspiele durchgeführt werden.

Für mich war es öfters eine Barriere, daß es unter Umständen lange dauern konnte, bis ein Sitzkreis zustandekam. Schließlich machte ich das Sesselaufstellen zu einem Spiel: Ich drehte mich zur Tafel und begann die Zahlen von 1 bis 20 an die Tafel zu schreiben. Wenn kein Laut mehr hinter meinem Rücken zu hören war, drehte ich mich um. Die Schüler besaßen den Ehrgeiz, möglichst schnell zu sein, etwa nur bis zur Zahl 12 zu brauchen.

Der Spielbeginn hat wesentlichen Einfluß auf den weiteren Spielverlauf.

Der Beginn soll

- alle aktivieren,
- Gemeinsamkeit schaffen,
- den weiteren Spielverlauf vorbereiten.

Chaos am Beginn ist meist dem weiteren Spielverlauf hinderlich. Vor allem bei unsicher vorhersagbarem Spielverlauf (etwa mit einer noch wenig zusammengespielten Schülergruppe oder bei der Einführung neuer Spiele) hat sich der Sesselkreis bewährt.

Beispiele für Interaktions- und Integrationsspiele im Spielkreis

Tiere wandern

„Ein Kücken wandert im Kreis herum." Es wird durch die hohle Hand dargestellt. Es setzt sich auf das rechte Knie, dann auf das linke Knie, landet auf der aufgehaltenen rechten Hand des linken Nachbarn; nun hat dieser das Kücken übernommen. Er läßt es nun auf sein rechtes und dann auf sein linkes Knie hüpfen, bis es beim nächsten Kind auf dessen rechter Hand landet. Sehr bedächtig macht das Tier seine Runde. Später wandern auch andere Tiere im Kreis: ein Elefant, ein Eichhörnchen, eine Ameise und eine Katze. Nun lassen alle Kinder gleichzeitig Tiere wandern. Die Impulse dazu kommen vom Spielleiter: Eine Ameise krabbelt über den Rücken des linken Nachbarn. Da bemerkt sie, daß ein Ameisenbär kommt. Sie krabbelt nun schnell in die andere Richtung (auf den Rücken des rechten Nachbarn). Auch andere Tiere wandern, eingebaut in kurze Geschichten, über den Rücken: Krähen, Bären, Schlangen, Katzen, Pferde, Mäuse, . . .
Bei derartigen Spielen soll die Sensibilität für aktive Berührungen geschult werden. Dabei wird die Berührung durch den anderen nicht zu stark wahrgenommen, da man gleichzeitig aktiver und passiver Teil ist. So konzentrieren sich die meisten Kinder besonders auf ihre eigene Tätigkeit.

Klatschschupfen

Wir klatschen dem linken Nachbarn im Sesselkreis zu. Dabei ist auch eine körperliche Zuwendung und Blickkontakt anzustreben. Wir versuchen in der nächsten Runde, das Tempo zu steigern. Dann lassen wir das Klatschen einmal ein paar Runden nach rechts laufen. Schwieriger wird es, wenn man dem Gegenüber das Klatschen zuwirft, sodaß es kreuz und quer im Sesselkreis wandert. Anfangs kann das gleichzeitige Rufen des Namens des Adressaten eine Hilfe sein.

Luftballonblume

Der Lehrer bläst einen Luftballon auf, ohne ihn zuzuknüpfen. Er sagt, das sei eine Blume, die im Kreis weitergegeben werden sollte, bis sie bei Daniela ankommt, die, sagen wir einfach so, heute Geburtstag hat. Wir müssen allerdings darauf achten, daß die Blume nicht verwelkt. Daniela bestimmt dann ein anderes Geburtstagskind.
Bei diesem Spiel herrscht meist angespannte Ruhe, teilweise spornen die Schüler einander an, keine Luft entweichen zu lassen.

Menschenluftballon

Die Sessel werden ein Stück nach hinten gerückt. Im Stehen reichen wir uns die Hände. Es entsteht ein großer Kreis. Nun lassen wir die Hände aus. So wie der echte Luftballon zu Füßen des Spielleiters sind alle Kinder nun luftlose Ballons. Sie kauern ganz klein am Boden. Der Lehrer bläst nun stoßweise und die Menschenluftballons werden größer und größer. Jetzt sticht der Lehrer jedes Kind mit dem Zeigefinger und die Ballons sinken in sich zusammen. Wir reichen uns wieder die Hände. Wir alle sind nun ein riesiger Ballon. An einer Stelle sticht der Spielleiter hinein. Der Ballon sackt zusammen, indem sich die Kinder langsam auf die Kreismitte zu bewegen und dort einen zusammengefallenen Haufen bilden. Nun wird der Ballon wieder aufgeblasen. Die Kinder machen die Pustegeräusche mit. Es wird so lange gepustet, bis der Ballon wieder prall ist. Alle halten einander wieder an den Händen und stehen in einem weiten Kreis da.

Wir bauen ein Schloß

Riesenmikadostäbe (pro Schüler einer) sollen dazu dienen, daß wir gemeinsam am Boden ein „Schloßbild“ legen. Ein Kind nach dem anderen legt reihum einen Mikadostab auf den Boden. Wenn alle Stäbe liegen, ist meist noch kein deutliches Schloßgebilde erkennbar. Einer nach dem anderen kommt nun wieder dran und darf einen Stab woanders hinlegen. Wer mit dem so entstandenen Bild einverstanden ist, scheidet aus dem Spiel aus, indem er „fertig“ meldet. Wenn bis auf drei Kinder bereits alle „fertig“ gemeldet haben, ist das Spiel aus.
Die schwierigste Anforderung bei diesem Spiel ist zu warten, bis man drankommt. Es bereitet auch Schwierigkeiten, den anderen nicht zu beeinflussen, indem man ihm vorschreiben will, wo er seinen Stab hinlegen soll.

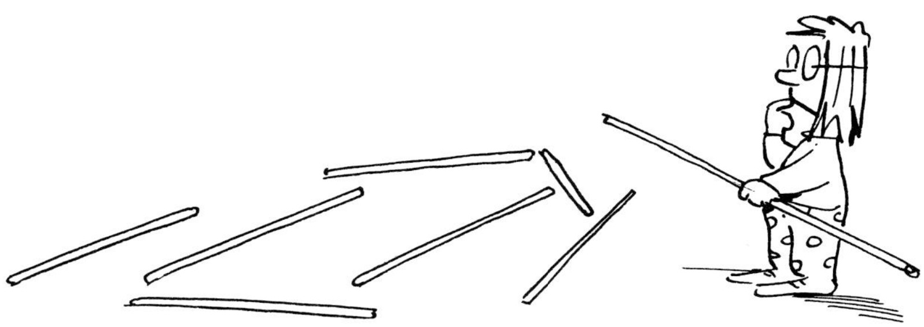

Aufweckspiele mit Berührungen

Alle schließen die Augen. Der Spielleiter beginnt, seinen linken Nachbarn mit dem Ellbogen sanft anzurempeln. (So macht das meine Frau mit mir, wenn ich im Kino bei einem Film einschlafe.) Der linke Nachbar öffnet nun die Augen und rempelt nun seinerseits seinen linken Nachbarn an. So geht der „Rempler“ im Kreis.
Varianten: Aufwecken durch Nackenkraulen, Wange streicheln, Kniekontakt, Ohrläppchen zupfen, einen leichten Klaps geben, ...
Für das offene Lernen sind Spiele mit Berührungen von großer Bedeutung. Das enge Zusammenarbeiten in der Gruppe wird begünstigt, wenn Berührungsängste wegfallen. Beim Wechseln des Arbeitsplatzes, beim sich gegenseitigen Helfen kommt es zu Berührungen, die, wären sie ungewohnt, Aggressivität erzeugen könnten.

4. Die Arbeit mit schriftlichen Anweisungen

Schriftliche Anweisungen lesen können und ihnen entsprechend zu handeln – das müssen Schüler nicht nur in der Schule können, es ist Bestandteil unseres Alltags.

Beispiele: Spielbeschreibungen, Gebrauchsanweisungen, Bastelbögen, Fachbücher für Heimwerker, Hobbygärtner, Hobbykünstler, Rätselbücher, Spielbücher, Rezeptbücher u. dgl.

Der gekonnte Umgang damit ermöglicht den Umgang mit Literatur und Material ohne Hilfe anderer Personen. Das ist ein wichtiger Bestandteil des offenen Lernens. Es macht den Schüler selbständig und unabhängig. Der Schüler wird zu selbständigem Bildungserwerb und zu selbständigem Handeln befähigt. Manche Arbeiten, Lernprozesse, Spiele, Bedienungsvorschriften verlangen zum Erreichen eines Zieles die chronologische Einhaltung der entsprechenden Anweisungen. Besonders bei komplexen Aufgaben können Schüler hier auf Schwierigkeiten stoßen. Arbeitsanweisungen sind Arbeitspläne, die von außen vorgegeben sind. Schüler, die sich oft und bewußt mit schriftlichen Arbeitsanweisungen auseinandersetzen, können auf diesem Weg lernen, ihre Arbeit selber vorauszuplanen.
Ich möchte hier jedoch nicht den Eindruck erwecken, daß offenes Lernen ein unentwegtes Ausführen von Aufträgen bedeutet. Das Verstehen und Befolgen von Arbeitsaufträgen soll für solche Schulsituationen geübt werden, in denen ihre genaue Befolgung ausdrücklich vom Lehrer gewünscht wird und der Lernerfolg nur bei genauer Befolgung eines methodischen Weges oder der genauen Handhabung des Materials gewährleistet ist. Viele Schulsituationen beim offenen Lernen benötigen ohnehin keine Anweisungen von außen (durch den Lehrer). Die meisten Situationen lassen es zu, daß sich der Schüler die Lerninhalte selber einteilt, daß er sich selber aussucht, mit welchem Material, mit welchen Personen, zu welchem Zeitpunkt usw. er diese Inhalte bearbeitet.

Ich erklärte den Schülern, daß es in der Schule oft sinnvoll sei, wenn der Lehrer die Schüler nicht zu oft unterbrechen müsse, bzw. daß es gelegentlich für die Schüler wichtig sei, daß sie ihre Arbeit nicht aufgrund dessen unterbrechen müssen, weil sie nicht wissen, was sie tun sollen.

Sinnerfassendes Lesen von Arbeitsanweisungen:
Beispiel 1: Unterstreicht in Partnerarbeit die zehn Wörter mit -tt-, die ihr im Sprachbuch auf Seite 55 findet. Schreibt mit diesen 10 Wörtern Sätze ins Schulübungsheft. Tauscht dann zur Kontrolle eure Hefte aus. Ihr habt bis zum Läuten Zeit.

Übungsblatt

WAS	Zeitwörter mit -tt-
WIEVIEL	zehn
WOMIT	Sprachbuch, Lineal, Bleistift
WIE	unterstreichen, schreiben
MIT WEM	Partner
WO	eigener Tisch (frei)
WIE LANGE	von 8^{10} bis 8^{50}
WO AUFBEWAHREN	Schulübungsheft
WIE KONTROLLIEREN	Partnerkontrolle

Sinnerfassendes Lesen von Arbeitsaufträgen:
Beispiel 2: Übt in dieser Stunde im Rechenbuch auf Seite 46, [1], [2] das schriftliche Dividieren. Kontrolliert die Rechnungen mit Hilfe des Kontrollblatts.

Übungsblatt

WAS	das schriftliche Dividieren
WIEVIEL	alle Rechnungen von [1], [2]
WOMIT	Rechenbuch S 46, Bleistift
WIE	üben, rechnen
MIT WEM	frei (mit Karin)
WO	frei (am eigenen Platz)
WIE LANGE	1 Stunde
WO AUFBEWAHREN	Rechenbuch
WIE KONTROLLIEREN	Kontrollblatt

Im Rahmen dieses Trainings sollten die Schüler im Laufe der Zeit immer häufiger mit Arbeitsanweisungen konfrontiert werden, die in mehreren Punkten eine freie Entscheidung des Schülers verlangen.
Wie die Übungsblätter ausgefüllt werden können, hängt nicht zuletzt von den eingeführten Arbeitsmethoden und Materialien in der Klasse ab.
Das Training des sinnerfassenden Lesens von Arbeitsanweisungen kann auch mit Hilfe der Arbeitsbücher oder anhand von Lernkarteiblättern erfolgen. Die folgenden Beispiele stammen aus: Neuwirth Erich u. a., Mein Sprachbuch für die 4. Schulstufe, Veritas Linz, 1978, S. 5, 15.

4 Eine erfundene oder erlebte Geschichte

Das Licht geht aus (Rahmenthema)
Stell dir vor, deine Familie sitzt gerade gemütlich beim Fernsehen, beim Abendessen, beim Fuchs-und-Henne-Spiel . . . Da geht das Licht aus!
Was geschieht? Was tun die einzelnen Familienmitglieder? Was denken sie?

Schreib die Erstfassung auf einen Zettel und lies sie vor!

5 Unterstreich die Beifügungen!

- ein Nachtspeicher mit Temperaturregelung
- das neue Bügeleisen
- ein Elektroherd mit vier Kochplatten
- ein Staubsauger zum Teppichklopfen
- der Fernseher mit Fernbedienung
- ein Kühlschrank, der automatisch abtaut
- eine Kühltruhe mit vier Fächern
- eine Waschmaschine mit 10 Programmen
- ein Griff aus Plastik
- ein Radio ohne Mikrofonanschluß

Wähl 5 Beispiele aus und schreib die passende Frage dazu!

Probier, mit welcher Frage du nach der Beifügung fragen kannst!

Warum Nachtspeicher?
Was für ein Nachtspeicher?
Welches Bügeleisen?
Wo Bügeleisen?

Streich die unbrauchbaren Fragen durch und unterstreich die richtigen Fragen!

Diese Aufträge können nun ebenfalls anhand unseres Schemas betrachtet werden. Die Arbeitsaufträge können nun gemeinsam mündlich analysiert werden oder wieder mittels eines Übungsblattes bearbeitet werden. Der Lehrer bekommt vor allem dadurch auch Hinweise, welche Schüler beim selbständigen Arbeiten ohne „Starthilfe" des Lehrers zurechtkommen.
Bei der gemeinsamen Analyse kann festgestellt werden, daß es hier für den einzelnen Schüler zu überlegen gilt, in welches Heft er schreiben will oder ob er lieber den Notizblock verwendet. Es ist ihm keine Zeitdauer vorgeschrieben, keine Sozialform, kein Schreibgerät, kein bestimmter Arbeitsplatz. Er hat also viele Möglichkeiten, für die er sich entscheiden kann. Es ist durchaus möglich, daß manche Schüler auf die geistige Anstrengung des Entscheidenmüssens aber auch auf das Gefühl der Unsicherheit und des Ungewohnten vorerst mit Widerwillen reagieren.

5. Die einfache freie Aufgabenreihung

Mir geht es so, daß ich, wenn ich mehrere Arbeiten zu erledigen habe, zuerst die kurzen Aufgaben erledige, um dann viel Konzentration für die langwierigen Arbeiten aufbringen zu können. Manche Menschen erledigen zuerst die schwierigen Dinge nach dem Leitspruch: Zuerst die Arbeit, dann das Spiel.
Es gibt auch Menschen, die zuerst die Arbeiten erledigen, die ihnen Spaß machen und sich dann sagen: Heute hab' ich schon so viel gearbeitet, da schaff' ich das bißchen lästige Arbeit auch noch. Andere wiederum haben Angst, daß ihnen, wenn sie zuerst die lustigen Tätigkeiten erledigen, keine Kraft mehr für die weniger lustigen bleibt. Es gibt auch Menschen, die fürchten, daß ihnen zum Schluß zu wenig Zeit für die ihnen angenehmen Dinge bleiben könnte. Also erledigen sie diese zuerst. Mancher Schüler schreibt lieber zuerst und rechnet anschließend, beim anderen Schüler ist es vielleicht gerade umgekehrt. Der eine tut dieses gerne am Morgen und das andere zu Mittag, ein anderer hat ein anderes System.
Je besser ein Mensch sein System kennt, umso besser kann er sich nach seinem System einrichten und sein System auch beeinflussen. Dieser Gedanke führt uns zur freien Aufgabenreihung innerhalb eines Unterrichtsgegenstandes. Die freie Aufgabenreihung ist den Lehrern von den Mathematikschularbeiten her bekannt. Der Schüler kann frei wählen, mit welchem Beispiel er beginnt. So könnte es dem Schüler auch erlaubt sein, während einer Deutsch-Doppelstunde zu entscheiden, ob er zuerst den Leseauftrag, dann den Aufsatz und zuletzt die Rechtschreibübung erledigen will, oder ob er vielleicht mit dem Rechtschreiben beginnen will. Voraussetzung dafür ist, daß der Schüler bereits imstande ist, sinnerfassend die drei Arbeitsanweisungen zu erfüllen. Der vierte Schritt zum offenen Lernen (sinnerfassendes Lesen von Arbeitsanweisungen) sollte also bereits erfolgt sein. Die Arbeitsanweisungen sollen zuerst schriftlich (an der Tafel) erfolgen und anfangs noch besprochen werden. Später können die Pflichtaufgaben der ganzen Woche auf Zetteln verteilt werden oder auf einem Plakat ausgehängt werden.

Zur Kontrolle besteht die Möglichkeit, daß die Schüler die erledigten Aufgaben am Plakat ankreuzen. Das kann gleichzeitig einem Mitschüler als Information dafür dienen, wer gegebenenfalls als Helfer in Frage kommen könnte (nämlich ein Schüler, der das Beispiel schon erledigt hat). Zusätzlich können auf diesem Plakat erledigte Aufgaben einzelner Schüler vom Lehrer noch mit einem Zeichen (z. B. Häkchen) versehen werden, was bedeutet, daß der Lehrer die Arbeit oder das Können dieses Schülers überprüft hat.

Die Erfahrung zeigt, daß viele Schüler anfangs mit der Aufgabe A beginnen, mit Aufgabe B fortsetzen und mit Aufgabe C abschließen. Erst im Laufe der Zeit beginnen sie, das gewohnte Hintereinander abzuwerfen und können sich zu Variationen entschließen. Vor allem das Mischen von Denkaufgaben und spielerischen Aufgaben bzw. Handlungsaufgaben (z. B. etwas ordnen oder ein Experiment machen), führen dazu, daß sich die Schüler zu einer Umstellung der Reihenfolge bewegen lassen.

Für die Schüler ergibt sich eine bisher meist unbekannte Situation, die sie im Gesprächskreis etwa so schildern:

„Man hat das Gefühl, man tut überhaupt, was man will."
„Man kann vom Sitznachbarn nicht abschauen, weil der gerade was anderes macht. Wenn man Hilfe braucht oder abschauen will, muß man zu jemandem anderen gehen."
„Man weiß nicht, ob man schnell ist oder nicht."

Die Formulierung der Aufgaben

Der Lehrer soll die schriftlichen Arbeitsaufträge so formulieren, daß sich der Schüler von den zur Auswahl stehenden Arbeiten ein möglichst deutliches Bild machen kann, das ihm die Entscheidung für die Reihenfolge erleichtert.

6. Die fächerübergreifende freie Aufgabenreihung

Wenn der einzelne Schüler gelernt hat, schriftliche Arbeitsanweisungen sinnerfassend zu lesen und wenn die freie Aufgabenreihung innerhalb eines Unterrichtsgegenstandes keine Schwierigkeiten mehr bereitet, werden diese Fähigkeiten auf den Gesamtunterricht angewendet.

Mit folgenden Worten leitete eine Kollegin aus der Volksschule Windischgarsten ihre Arbeitsaufträge ein, bevor sie den Schülern der dritten Klasse je ein Deutsch-, Mathematik- und Leseblatt austeilte:

1. Du sollst heute wieder einmal <u>ganz selbständig</u> lernen, lesen, denken, arbeiten, üben.
2. Nur im <u>äußersten Notfall</u> darfst du <u>aufzeigen</u> und die Lehrerin leise etwas fragen.
3. Du darfst dir die Arbeitsaufträge <u>einteilen</u>, <u>wie du willst</u>. Wichtig ist nur, daß am Ende alles erledigt ist.

Heute ist zu erledigen:
Deutsch – Mathematik – Lesen
Nun wollen wir beginnen!

Die Arbeitsaufträge zu den Texten und Rechnungen waren, da sich diese Klasse noch in einem Anfangsstadium des offenen Lernens befand, sehr einengend und klar, etwa so:

1. Lies dir die Blockschriftwörter aufmerksam durch!
2. Wenn du schlau bist, wirst du drei Wortarten erkennen. (Wende die Hilfen an! → Siehe Tafel!)
3. Nimm dein Arbeitsheft, bilde 3 Spalten und schreibe die Wörter untereinander! Wenn du richtig gearbeitest hast, sind in jeder Spalte 10 Wörter. Gib das Heft der Lehrerin ab!

7. Die innere Differenzierung

Die gelenkte innere Differenzierung wird auch häufig von Lehrern angewendet, die keinen Unterricht im Sinne des offenen Lernens vorhaben. Es bedeutet, daß der Lehrer seiner eigenen Einschätzung des Leistungsstandes der Schüler gemäß, an die Schüler zu ein und demselben Thema verschieden schwierige Aufgaben verteilt. Meist werden die Schüler zu diesem Zweck räumlich oder nur gedanklich in zwei oder drei Leistungsgruppen geteilt. Die Schwierigkeit besteht allerdings darin, daß es dem Lehrer bei seiner Einteilung kaum möglich ist, die jeweilige Tagesverfassung des einzelnen Schülers zu erfassen. Die Gruppeneinteilung ist zudem meist nicht am neuesten Stand – sie bezieht sich möglicherweise auf einen mehrere Wochen zurückliegenden Test, der möglicherweise ein anderes Thema zum Inhalt hatte.
Falls also gelenkte Differenzierung durchgeführt wird, sollte sie auf einer unmittelbar vorangegangenen Leistungsfeststellung basieren.
Bei der freien inneren Differenzierung fallen diese Probleme weg. Der Lehrer bietet zu einem Thema etwa drei verschieden schwierige und auch vom Umfang her unterschiedliche Aufgaben an. Der Schüler nimmt Einsicht in die Aufgaben und versucht seiner Einschätzung entsprechend und seinem Können gemäß, den schwierigen, den mittelschweren oder leichten Auftrag zu erledigen.
Bei drei verschieden schwierigen Arbeitsblättern ist darauf zu achten, daß sie alle drei gleich ansprechend gestaltet sind. Ansonsten würden die Schüler dazu neigen, einfach das „schönste" Blatt zu wählen.
Mit der inneren Differenzierung wird die Fähigkeit zur Selbsteinschätzung gefördert,

die Einsicht, daß es selbstverständlich und keine Schande ist, daß es verschiedene Fähigkeiten gibt. Es wird die Zeitverschwendung vermieden, die dadurch entsteht, daß sich manche Schüler bei zu leichten Aufgaben langweilen müssen und leistungsschwache Schüler lediglich ohne zu denken abschreiben, da sie überfordert sind.
Die innere Differenzierung betrifft vor allem aber auch das Material. Der leistungsschwache Mathematiker wird gezwungen sein, häufiger mit Anschauungsmaterial zu arbeiten.

Bei der freien inneren Differenzierung kann es dazu kommen, daß ein Schüler sich selber überfordert, weil ihn der Ehrgeiz gepackt hat. Solche Schüler müssen dann nach einer kurzen Probierphase auf ein leichteres Aufgabengebiet umsteigen. Sie haben damit einen wichtigen Schritt in Richtung Selbsteinschätzung getan.
Umgekehrt kann es auch vorkommen, daß aus irgendeinem Grund ein Schüler ein für ihn zu leichtes Aufgabengebiet gewählt hat.

Gründe dafür können sein:

- Er schließt sich einem Freund an.
- Er hat Angst vor Mißerfolg.
- Er will es sich heute leicht machen.
- Er ist heute in schlechter Verfassung.
- Er will schnell fertig werden.
- Er fühlt sich vom Arbeitsmaterial des leichteren Auftrages mehr angezogen.

Ein Gespräch des Lehrers mit diesem Schüler ist hier auf jeden Fall angebracht, was allerdings unter vier Augen erfolgen soll. Der Lehrer soll jedoch nicht unbedingt erwarten, daß der Schüler von seiner Wahl abgeht.
Alles in allem ist es wichtig, daß der Lehrer zu verstehen gibt: Es ist mir wichtig, daß ihr euch nicht ständig über- oder unterfordert.

Eigentlich hatte ich erwartet, daß vereinzelt ehrgeizige Eltern von mir verlangen würden, daß alle Kinder über einen Kamm geschoren werden sollten. Ich hatte mir vorgenommen, daß ich in diesem Fall mit dem Lehrplan argumentieren würde:

8. Die freie Schwerpunktwahl

Beispiele

- „An der Tafel stehen fünf Arbeitsanweisungen aus Mathematik. Sucht euch davon eine Anweisung aus, die euch besonders Spaß macht. Sucht euch eine weitere Anweisung aus, die von euch große Anstrengung verlangt!“

  Wer mit den beiden Aufgaben fertig ist, erledigt noch weitere Anweisungen nach freier Wahl. Ihr habt eine Stunde Zeit. Es ist genügend Zeit, die beiden Aufgaben in Ruhe und ohne Eile zu erledigen.“

- „An der Tafel stehen fünf Arbeitsanweisungen aus verschiedenen Unterrichtsgegenständen. Ihr könnt euch heute aussuchen, ob ihr lieber Rechnen üben, lesen, Rechtschreiben üben, eine Geschichte schreiben oder mit dem Sachunterrichtsblatt arbeiten wollt. Es handelt sich heute um Arbeitsaufträge, die eine Wiederholung von voriger Woche darstellen.

  Ihr habt eine Stunde Zeit. Wer mit seinem ersten Schwerpunkt fertig ist, sucht sich noch einen zweiten.“

- „Vorige Woche haben wir mehrmals mit Schwerpunkten, die ihr euch aussuchen durftet, geübt. Heute dürft ihr euch von den fünf Möglichkeiten, die an der Tafel stehen, wieder eine aussuchen. Es handelt sich um neuen Lehrstoff. Das heißt, suche dir das aus, wo du dir vermutlich am leichtesten tust. Lösungshilfen befinden sich auf der Rückseite der Tafel.“

9. Die freie Platzwahl

Fehlender Tapetenwechsel ermüdet. Deshalb halten wir uns in unserer Wohnung nicht immer am selben Fleck auf, darum verreisen wir, um Urlaub zu machen, darum wandern Kinder während der Unterrichtszeit gelegentlich gerne aufs Klo, gehen gerne als Boten in andere Klassen, kommen gerne im Frontalunterricht zur Tafel oder zum Gesprächskreis. Neben dem Bedürfnis nach Tapetenwechsel besteht auch ein Bedürfnis nach Änderung der Körperhaltung und nach Bewegung. Wenn diesen Bedürfnissen nicht entsprochen wird, ermüdet der Mensch, die Konzentration läßt nach, die Leistung fällt ab.
Daher sollen in der Klasse und im Unterricht möglichst viele Möglichkeiten eingebaut sein, die einen Platzwechsel und einen Stellungswechsel ermöglichen:

- Beim Stillesen auf einem Teppich oder auf einem Polster in einem stillen Eck am Boden sitzen.
- Mit Materialien auf dem Lernteppich am Boden arbeiten.
- Bei einem Arbeitstisch stehend mit Material arbeiten.
- In der Leseecke in Polstermöbeln sitzen.
- Beim Schreibmaschinentisch arbeiten.
- Mit einem Gesprächspartner beieinander stehen.
- Mit einer Kleingruppe einen Sesselkreis bauen.
- Vor der Klasse in einer Kleingruppe arbeiten.

Die freie Platzwahl ist, wenn das offene Lernen in einer Klasse schon gut eingeführt ist, eine Selbstverständlichkeit und muß dann auch nicht mehr besonders erwähnt werden. In der Anfangsphase des offenen Lernens müssen die Schüler noch häufig auf die verschiedenen Möglichkeiten aufmerksam gemacht werden.

Beispiele

- „Heute werde ich euch eine Phantasiegeschichte vorlesen. Sucht euch einen Platz in der Klasse, wo ihr es euch besonders gemütlich machen könnt. Es kann am Boden sein, wo ihr gemütlich sitzen könnt, es kann in einem Eck der Klasse sein, ihr könnt euch mehrere Sessel zu einer gemütlichen Bank zusammenstellen, ihr könnt es euch in der Leseecke gemütlich machen. Es kann allerdings sein, daß jemand anderer schon den gewünschten Platz belegt hat. Da gilt es, eine friedliche Lösung zu finden. ... Nun hat jeder einen Platz gefunden. Schließt bitte die Augen, ich schalte sanfte Musik ein, unsere Phantasiereise beginnt..."

- „Heute stehen fünf Arbeitsanweisungen an der Tafel. Jeder kann sich die Reihenfolge aussuchen. Ihr werdet jedoch merken, daß man bestimmte Arbeiten nur an bestimmten Plätzen erledigen kann: Die Versuche mit dem Wasser werden an jenem Tisch erledigt, der beim Waschbecken steht. Es hängt dort auch ein Zettel an der Wand mit genauen Versuchsanweisungen. Auch das Material liegt dort bereit.
  Der Leseauftrag kann in der Leseecke oder am eigenen Platz erledigt werden. Man kann sich auch mit einem Lernteppich, seinem Polster und seinem Buch irgendwohin verkriechen, wo man nicht gestört wird (und wo man selbstverständlich auch niemand anderen stört).
  Beim Lernspielauftrag könnt ihr entscheiden, ob ihr am Boden, am Tisch oder am Spieletisch arbeiten wollt. Beachtet jedoch bitte die Einhaltung der ‚allgemeinen Gesprächsregel'!"
- Platzwechselspiele: Indianerschule, pantomimische Darstellung von Tätigkeiten (Rate, was ich gerade tue!).

Platzwechselspiele

Sessel umstellen

In manchen Situationen soll eine Sitzordnung hergestellt werden, die vom Lehrer für eine bestimmte Unterrichtssituation benötigt wird. Dies kann nicht nur den Sesselkreis sondern auch andere Situationen, wie den Übergang von einer offenen Lernstunde zum Frontalunterricht betreffen.
Der Lehrer gibt bei diesem Spiel Aufgabenstellungen, die möglichst schnell und ohne zu großen Krach durchgeführt werden sollen.

Beispiel: „Baut ein Kino!"

Der Lehrer dreht sich um, schaut auf die Uhr, wie lange die Schüler brauchen, um ihre Stühle wie die Sitzreihen eines Kinos aufzubauen. Bedingung ist: dabei nicht sprechen und kein lautes Sesselrücken. Wenn kein Geräusch mehr zu hören ist, wendet sich der Lehrer um und betrachtet das Ergebnis.

Weitere Beispiele:

Zugabteil

Kaffeehaus

Autobus

Kino

Autodrom

Zirkuspublikum

Indianerschule

Kinder, die das offene Lernen nicht gewöhnt sind, sind manchmal richtige Sesselkleber – das heißt, sie sind nicht bereit, ihren Platz mit einem anderen Kind zu tauschen oder woanders eine Arbeit zu verrichten. Ich möchte nun einige Spiele beschreiben, die diese Situation etwas auflockern können:

Beute sammeln

Immer dann, wenn sich der Indianerlehrer mit dem Gesicht zur Tafel wendet und er dabei zehnmal mit der Trommel schlägt, sollen sich die Indianerkinder lautlos auf Beutezug begeben. Sie sollen Gegenstände erbeuten, die dem Lehrer oder der Schule gehören, z. B. ein Buch aus dem Regal, eine Tafelkreide, die Schere des Lehrers, ein Tuchtafelplättchen usw. Die Indianerkinder sollen sich jedoch genau merken, wo sie die Beute hergenommen haben. Immer dann, wenn sich der Indianerlehrer nach den zehn Trommelschlägen den Indianerkindern zuwendet, müssen diese in Deckung liegend erstarren. Für jedes Kind, das sich noch bewegt, wird von dem Indianerschmuck, der an der Tafel aufgezeichnet ist, eine Feder gelöscht. Eine Feder wird auch dann gelöscht, wenn der Indianerlehrer während des Trommelns ein anderes Geräusch vernimmt. Das Spiel ist zu Ende, wenn alle Federn des Indianerschmucks gelöscht sind. Nun müssen wieder alle Gegenstände an ihren Platz zurückgebracht werden.

Federn sammeln

Jedes Kind bekommt zehn Papier-Indianerfedern, auf die es seinen Namen schreibt. Immer dann, wenn sich der Indianerlehrer abwendet, um zehnmal die Trommel zu schlagen, schleichen die Indianerkinder umher, setzen sich paarweise an einen fremden Tisch und tauschen eine Feder mit ihrem Partner. Wenn sich der Indianerlehrer nach den zehn Trommelschlägen umdreht, ist jedes Indianerkind, das zu diesem Zeitpunkt regungslos und paarweise dasitzt, außer Gefahr. Wer sich zu diesem Zeitpunkt rührt oder keinen Partner hat, muß eine Feder abgeben. Nach zehn Runden klebt jeder seine zehn erbeuteten Federn zu einem schönen Indianerschmuck in sein Heft.

Spuren legen

Jedes Kind bereitet einen großen Zettel vor, auf dem ein Einrichtungsgegenstand der Klasse aufgeschrieben ist. Diese Zettel werden nun auf diese Einrichtungsgegenstände gehängt, geklebt oder gelegt. Wie bei den vorangegangenen Spielen schleicht man umher und schreibt nochmals das Wort, das auf dem Zettel steht, der bei dem entsprechenden Gegenstand angebracht ist, darunter. Sobald sich der Indianerlehrer umdreht, muß man wieder erstarren, um nicht auszuscheiden. Das Spiel ist dann zu Ende, wenn der erste Indianer auf allen Zetteln seine Spur hinterlassen hat.

Stimme verstellen

Jeder Indianer bereitet auf seinem Platz ein Namenskärtchen vor, das er dort mit Tixo befestigt. Der Indianerlehrer steht nun wieder mit dem Rücken zu den Kindern, trommelt wieder zehnmal, dreht sich aber nun nicht zu den Kindern, sondern ruft einen Namen, z. B. „Wolfgang“. Wer nun gerade auf Wolfgangs Platz sitzt, meldet sich mit „Hier bin ich.“ Nun stellt der Indianerlehrer eine Frage, z. B.:

„Wieviel ist 8 x 4?" Der Schüler, der vor sich das Schild mit dem Namen Wolfgang hat, antwortet wiederum mit verstellter Stimme. Errät der Indianerlehrer, wer tatsächlich auf Wolfgangs Platz sitzt, indem er nun z. B. sagt: „Nein, du bist nicht Wolfgang, du bist Silke", so spielt nun Silke den Indianerlehrer.

Tätigkeiten darstellen

Bei diesem pantomimischen Spiel soll den Kindern bewußt werden, daß es immer auf die Art der Tätigkeit ankommt, wo sie am besten durchgeführt werden kann. Häufig gibt es jedoch nicht eine Möglichkeit, sondern mehrere. (Gottseidank, sonst würden die Schüler einander ständig behindern!)
Der Lehrer verkündet: „Mathematik!" Die Schüler reagieren: Beate schreibt Rechnungen an die Tafel, Hermann legt mit Legeplättchen Mengen, Eva baut mit den Rechenklötzen, Helga und Tamara sitzen auf dem Lernteppich mit einem Rechenspiel, Michael arbeitet an der Tuchtafel, Georgia und Walter spielen eine Textrechnung als Rollenspiel (Einkauf–Verkauf). Das Spiel macht vor allem dann Spaß, wenn kein Material dabei verwendet wird, sondern die Schüler ihre pantomimischen Fähigkeiten einsetzen. So kann dieses Spiel auch als Ratespiel durchgeführt werden.

10. Das freie Lesen

Die von mir in den vorangegangenen Kapiteln beschriebenen Methoden zur Vorbereitung des offenen Lernens in einer Klasse finden noch im Rahmen des gebundenen Unterrichts statt. Sie bieten noch sehr geringe Freiräume.
Der erste Schritt zu einem tatsächlich offenen Unterricht zunächst für eine Stunde pro Woche kann „das freie Lesen" sein. Dieser Schritt sollte deshalb möglichst vor den anderen Schritten zum offenen Lernen gesetzt werden, da das freie Lesen und die Lesefähigkeit unentbehrlich für die Durchführung der weiteren Schritte sind.
Schüler, die lesen können, finden eine Fülle von Möglichkeiten, sich selbständig Wissen anzueignen. Lesefähigkeit bedeutet, mit Lernprogrammen selbständig umzugehen, Anweisungen von Lernspielen zu verstehen, Medien, Sachbücher und Karteien lesen und verstehen zu können.
Wer Mitschüler hat, die lesen können und die auch gerne lesen, kann das Gelernte in schriftlicher Form dokumentieren und an diese weitergeben.
Schriftliches Material ist, soweit es Kinderlektüre ist, bereits so aufbereitet, daß es nicht erst vom Lehrer für die Schüler aufbereitet werden muß, sondern vom Schüler schon selbständig verwendet werden kann.
Für den Schulalltag bedeutet es also eine große Arbeitserleichterung, wenn die Schüler mit Texten umgehen können und gerne Bücher beim Nachforschen, Erarbeiten und Einprägen verwenden. Damit wird vor allem eine Grundanforderung an die Schüler, nämlich die Fähigkeit zum selbständigen Wissenserwerb erfüllt. Es bedeutet aber auch für den Lehrer, daß er das Lesen in seinen vielfältigen Formen nützen muß.

Schüler einer vierten Klasse, in welcher das freie Lesen üblich ist, antworteten mir auf die Frage: „Wie ist das Lesen in der Schule?" folgendermaßen:

Birgit:
„Ich nehme das Tierlexikon, wenn ich von einem bestimmten Tier lernen will und noch mehr darüber erfahren möchte."

Esther:
„Im Lesebuch steht zu fast jedem Thema, mit dem man sich beschäftigt, etwas drin. Da kommt man manchmal auf Ideen, was man noch alles lernen könnte.“

Georgia:
„Ich kann in einem Buch nach einem Bild von einem Tier suchen, wenn ich wissen will, wie es aussieht und ich kann es dann abzeichnen.“

Eva:
„Oft habe ich einfach Lust, etwas zu lesen. Aber in der Schule bleibt oft nicht genug Zeit. In dem Lesebuch sind aber lauter kurze Texte, mit denen man auch in kurzer Zeit fertig wird.“

Hermann:
„Ich habe mir vorgenommen, daß ich, wenn ich mit meiner Rechenarbeit fertig bin, den Rest der Stunde in meinem Bibliotheksbuch weiterlese. Das Buch hat zwar nichts mit der Schule zu tun, aber es ist spannend... Wir haben doch in der Schule das Lesen gelernt, damit wir Bücher lesen.“

Es gibt kaum einen Lehrer, der das Lesen nicht bereits eingesetzt hat, um den Schülern Freiräume zu gewähren, oder anders ausgedrückt: Lesen geht häufig nicht ohne Freiraum.

Beispiele, wie Lesen als freie Arbeit häufig (auch bei Lehrern mit gebundenem Unterricht) eingesetzt wird:

- Wer mit der Pflichtarbeit fertig ist, darf sich ein Buch nehmen.
- Wer nichts mehr zu tun hat, darf in der Leseecke lesen.
- Jeder liest die Geschichte soweit er kommt. Diejenigen, die mit der Geschichte fertig wurden, erzählen sie gegen Schluß der Stunde denen zu Ende, die nicht so weit kamen.
- Freies Lesen im Leseheft.
- Jeder liest halblaut seinem Sitznachbarn ein Gedicht vor, das er sich selber ausgesucht und vorher gut eingeübt hat.
- Jeder stellt sein Lieblingsbuch von zu Hause vor und liest daraus ein paar besonders interessante Zeilen vor.
- Wer mit dem Sachunterrichtsblatt fertig ist, sucht im Bücherregal nach Texten, die dazu passen.

All diese Beispiele zeigen kleine Freiräume. Ich finde es wichtig, daß dem Schüler dabei jedoch ein Leseziel vorschwebt. Er soll sich bewußt sein, daß Lesen vielerlei Funktionen haben kann: Lesen wird in der Schule manchmal der Unterhaltung, der Entspannung und dem Zeitvertreib dienen, häufiger jedoch dem Einprägen, Studieren und Erfahren. Lesen kann aber auch „Lesetraining“ sein, um überhaupt entspannendes (und spannendes) sowie sinnerfassendes Lesen zu ermöglichen. Der Schüler soll sich seines momentanen Leseziels bewußt sein.
Dazu haben wir zwei Plakate erarbeitet.

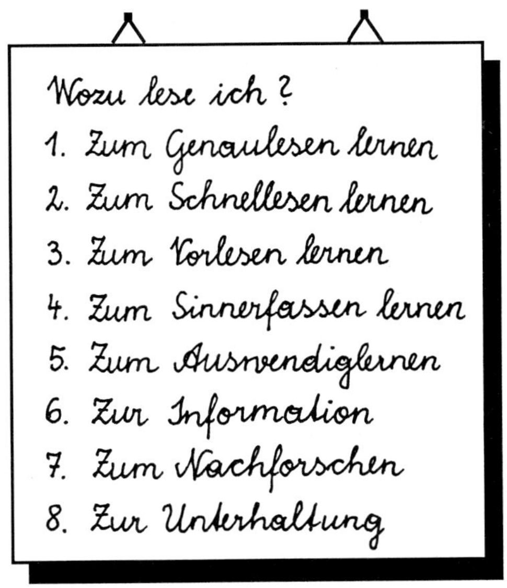

10.1 Leseübungen

Leseübungen	Rudi	Georg	Sabine	Romana
1. Jemandem vorlesen	X		X	
2. Tonbandlesen		X	X	X
3. Wechsellesen				X
4. Lesepfeil			X	
5. Murmellesen	X	X		
6. Nacherzählung				
7. Inhaltsangabe	X		X	X
8. Fragen für die Kartei		X		
9. Karteifragen beantworten				X
10. Wichtiges kennzeichnen			X	
11. Lesen mit Veränderungen				
12. Lesen mit Rollenspiel				X
13. Lesezeichnung	X			
14. Lesen und Merken		X		
15. Lesen mit der Lesekartei			X	

Einführung der Leseübungen

- Einführung der 15 Möglichkeiten im gebundenen Unterricht im Laufe der Zeit.
- Später freie Anwendung der Möglichkeiten mit Ankreuzen am Plakat. (Jede Möglichkeit soll irgendwann von jedem Schüler bei Lesestücken nach freier Wahl angewendet werden.)
- In der dritten Phase dient das Plakat lediglich als Orientierungshilfe, wenn dem Schüler beim offenen Lesen keine Leseübung einfällt.

Jemandem vorlesen

Wer jemandem etwas vorliest, will den Zuhörer informieren oder unterhalten. In beiden Fällen ist ein zusammenhängendes, gut verständliches Lesen notwendig, um die Bedürfnisse des Zuhörers zu befriedigen. Das bedeutet für den Leser, daß er sich schon vorher eingelesen haben muß. Das Vorlesen mit einem Partner oder im Lesekreis erfolgt also erst, nachdem sich der Vorleser sicher ist. Der schwächere Leser wird sich deshalb einen einfachen Text von entsprechender Kürze vornehmen. Er wird seinen Text mehrmals durchlesen müssen, um auf das Vorlesen gut vorbereitet zu sein.

Das Tonbandlesen

Beim offenen Lernen fällt die „Gemeinsamlautlesestunde“ weg. Dies vor allem deshalb, weil das individuelle Lesetempo das nicht möglich macht. Wenn ein Schüler laut vorliest und die anderen „dabei“ sein müssen, kommt es zu einer Streßsituation für alle Beteiligten. Der Schnelleser hat den „Bremsstreß“, der Langsame hat den „Nacheilstreß“. Beide können sich nicht voll auf den eigentlichen Sinn des Lesens konzentrieren. Trotzdem wollen manche Kinder gerne vorlesen. Vor allem der Lehrer ist ein begehrter Zuhörer. Das Lesetonband ist hier ein willkommener Weg. Der Schüler setzt sich mit seinem Lesestück, das er sich zum Vorlesen eingeübt hat, zum Mikrophon, stellt sich namentlich vor und liest das Lesestück vor. Er hat später die Möglichkeit, sich das Band nochmals vorspielen zu lassen, es sich in Ruhe anzuhören oder still mitzulesen und mit Schmunzeln Lesefehler zu entdecken. Wenn er mit dem Ergebnis nicht zufrieden ist, kann er es löschen und einen zweiten Aufnahmeversuch starten. Damit es dadurch in der Klasse nicht zu laut wird, kann das Tonbandlesen vor dem Klassenraum stattfinden. Ein Kopfhörer erweist sich als hilfreich. Manche Kinder machen aus dem Lesestück mit einem Partner ein Hörspiel, manche geben ihre Kassette dem Lehrer zum Anhören oder wollen im Sitzkreis der ganzen Klasse ihre Leseprodukte vorstellen. Andere wiederum nehmen ihre Kassette mit nach Hause, um sie ihren Eltern vorzuspielen oder um eine Lesehausübung draufzusprechen.

Das Wechsellesen

Es bringt Abwechslung in den Schulalltag. Ein Wort lese ich, ein Wort liest mein Partner. Oder: Einen Satz lese ich, einen Satz liest mein Partner.

Der Lesepfeil

Der Lesepfeil wird von vielen Schülern, die beim Erlesen Schwierigkeiten haben, als Hilfe verwendet. Er verhindert das Verlieren der Zeile und der Leserichtung sowie das Überspringen von Buchstaben. (Vgl.: Seyfried Peter, Lesen und Rechtschreiben leicht gemacht, Veritas Verlag, Linz–Wien, 1981, S. 9.)

L E S E P F E I L

Das Murmellesen

Das Murmellesen ist eine Partnerübung. Ein Schüler hält in seiner Hand 20 Murmeln. Immer dann, wenn er eine Murmel in die Blechdose fallen läßt, liest der Partner das nächste Wort. Er läßt dem Partner nach jeder Murmel genügend Zeit, sich das nächste Wort im Stillen zu erlesen. Wenn das wortweise Murmellesen zur Genüge geübt wurde, kann das Murmellesen satzweise durchgeführt werden. Hier muß die Pause zwischen dem Fallenlassen der Murmeln noch länger sein. Diese Leseübung stellt eine hohe Anforderung an das Gefühl des Mitschülers für das Lesetempo des anderen. Der Leser soll den Partner darauf aufmerksam machen, wenn das Tempo zu schnell ist. Durch diese Übung soll das genaue Lesen und nicht das Schnelllesen geübt werden.

Nacherzählung und Inhaltsangabe

Dies kann schriftlich (für die Lesekartei) oder mündlich partnerweise durchgeführt werden. Die beiden Übungen entsprechen dem natürlichen Bedürfnis der Kinder, ein Erlebnis weitererzählen zu können, jemandem am Leseerlebnis teilhaben zu lassen. Manchmal werden Leseerlebnisse auch im Lesekreis der ganzen Gruppe erzählt und dienen somit als Anregung für andere Schüler. Die Schüler werden in diesem Zusammenhang auch auf den Klappentext aufmerksam gemacht.

Fragen für die Kartei

Es entsteht eine Lesekartei, in der die Buchnumerierung, Autor und Titel des Buches oder des Lesestückes angegeben sind. Auf der Karteikarte, die der Schüler herstellt, stellt er Fragen, die von anderen Schülern, die die Kartei zur Hand nehmen, beantwortet werden können. Dabei soll aber die Buchseite angegeben sein, auf die sich die Frage bezieht. Für die zweite Klasse empfiehlt sich ein Einstieg in die Schülerkartei mit dem Lesebuch.

Karteifragen beantworten

Manche Schüler stellen nicht gerne Fragen, sondern lösen selber gerne Rätsel. Sie greifen in die Lesekartei nach einem Karteiblatt, suchen in dem angegebenen Buch die entsprechende Seite, lesen diese und teilen dem Hersteller der Karteikarte die richtige Antwort mit.

Wichtiges kennzeichnen

In eigenen Büchern oder auf eigenen Lesearbeitsblättern werden Textstellen unterstrichen, eingerahmt, angekreuzt oder anderweitig hervorgehoben.

Lesen mit Veränderungen

Manchmal macht es Spaß, beim wiederholten Lesen eines Lesestückes einen Namen durch einen anderen Namen zu ersetzen. Es kann beispielsweise aus der Person des Rotkäppchens ein Bub namens Rothütchen werden oder aus dem Wolf ein Maulwurf. Wenn nun diese Geschichte einem Partner vorgelesen wird, dann bedarf es für den Vorlesenden großer Konzentration, diese Veränderungen durch die ganze Geschichte durchzuziehen (sofern er die zu verändernden Wörter nicht mit dem Bleistift gekennzeichnet hat). Für den Zuhörer wird es spannend, wenn der Vorleser ankündigt, daß er beim Vorlesen manche Wörter durch Nonsens ersetzen will, z. B.: „Der Rauchfangkehrer kam in seinem weißen Arbeitsanzug und wollte den Gehsteig kehren." Bei dieser Übung stoppt der Zuhörer den Vorleser und sagt, wie es wirklich heißen könnte.

Lesen mit Rollenspiel

Das Lesestück wird von mehreren Kindern gelesen und dann aus dem Stegreif gespielt. Sie suchen sich zu diesem Zweck einen oder mehrere Zuschauer, die dadurch möglicherweise angeregt werden, das Lesestück nun ihrerseits selber zu lesen. Beim Einproben des Rollenspiels kann es zu Diskussionen kommen, wie die Geschichte tatsächlich verlief. Dann wird genau nachgelesen und der Text analysiert. Häufig liest ein einzelnes Kind das Lesestück, findet, daß es ein geeignetes Rollenspiel ermögliche und animiert einen Partner zum Lesen der Geschichte, um diese dann spielen zu können. Zugunsten des gedämpften Lärmpegels ist eine Durchführung dieser Methode außerhalb der Klasse günstiger.

Lesezeichnung

Das Kind illustriert sein Lesebuch zusätzlich, indem es mit Klebeband weitere Blätter einklebt und illustriert. Auf Leseblättern kann direkt ein Platz zur Illustration vorgesehen sein.

Lesen und Merken

Auswendiglernen von kurzen Texten (Witze, Gedichte, Rätsel) oder über einen Sachtext referieren (mit Hilfe eines Stichwortzettels) können.

Lesen mit der Lesekartei

In diesen Karteien sind kurze Lesetexte, die auf der Rückseite Arbeitsaufträge aufweisen, enthalten. Der Schüler sucht sich in der offenen Lesestunde ein beliebiges Blatt aus, liest und bearbeitet es. Solche Karteien sind im Buchhandel für verschiedene Schulstufen erhältlich.

10.2 Leseplätze

Die Leseecke

Meine erste Leseecke glich eher einem Sperrmüllhaufen als einer einladenden Leseecke. Auch die schönste Überwurfdecke konnte nur schwer vertuschen, daß die Couch bereits 30 Jahre auf dem Rücken hatte, und daß meine Kinder sie zu Hause bereits mehrfach als Trampolin getestet hatten. Außerdem konnte nur eine beschränkte Anzahl von Kindern darauf Platz finden. Die große Wende kam an einem Elternabend. Ich hatte in der Leseecke für die Eltern zur Ansicht „wertvolle Kinderliteratur" aufgelegt. Diejenigen Eltern, die sich zum Durchblättern dieser Bücher auf der altgedienten Couch und im maroden Lehnsessel niedergelassen hatten, wurden vorerst von Selbstmitleid und dann von Mitgefühl übermannt. Sie fanden, daß es eine gute Idee sei, die Klasse einladend herzurichten, aber eine nur 10 Jahre alte Couch wäre wirklich besser für die Bandscheiben. Schon einen Tag später fanden zwei alte Diwans aus elterlichen Dachböden in unserer Klasse eine neue Heimat. Ergänzt durch ein paar zu Hockern umgerüsteten Kisten, konnte nun unsere Leseecke allen Kindern Platz bieten und diente uns auch als Platz für den Gesprächskreis.

Die Lesepolster

In jedem Haushalt gibt es bunte Zierpolster. Häufig haben Kinder auch ihren Lieblingspolster. Sie können diesen Polster mitnehmen und ihn auf ihren Sessel legen. Sie können sich aber auch mit dem Polster auf einen Platz in der Klasse zurückziehen und dort lesen, ohne am kalten Boden sitzen zu müssen.
Im Kreis aufgelegt, können die Polster auch einem Sitzkreis am Boden dienen.

Die Lernteppiche

In der Klasse liegen eine Anzahl zusammengerollter, einfärbiger kleiner Teppiche (ca. 50 x 80 cm) in einem Regal bereit. Sie dienen all jenen Vorhaben, wo ein Schüler am Boden einen Arbeitsbereich in Anspruch nehmen will, den keine andere Person betreten darf. Selbstverständlich kann man es sich auf dem Lernteppich auch zum Lesen gemütlich machen.

10.3 Die Bücherei

Die meisten Schulen besitzen für jede Klasse eine altersbezogene Schülerbibliothek. Auch wenn viele dieser Bücher oft schon stark abgenützt und daher optisch nicht sehr verlockend wirken, auch wenn manche schon inhaltlich veraltet sind und nicht mehr der Lebenswelt unserer Kinder entsprechen, stellt sich die Frage: Wie setze ich das vorhandene Lesematerial am günstigsten ein, vor allem, wie setze ich es ein, um das selbständige Lesen und das offene Lernen zu fördern?
Wenn ein Kind gezielt mit Büchern umgehen soll, muß es imstande sein, eine Auswahl

unter den Büchern seinem momentanen Bedarf entsprechend treffen zu können.
Dies kann dadurch gefördert werden, daß die Bücherei nach einem bestimmten System geordnet ist, sodaß eine Übersicht über die vorhandenen Bücher leicht möglich ist. Zum Ordnen der Bücher und zum Erlangen einer Übersicht gibt es vielfältige bewährte Methoden. Einen Weg will ich hier zeigen.

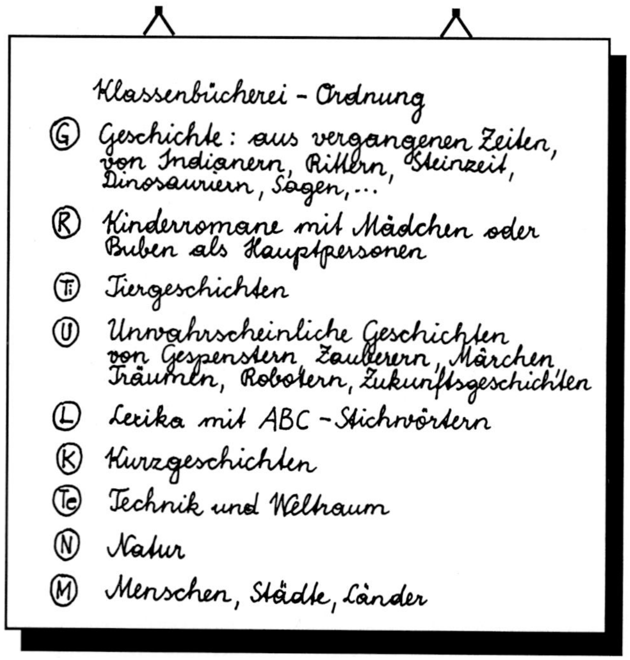

Das Sichten und Ordnen der Bücher soll mit den Schülern gemeinsam stattfinden. Es stellt sich heraus, daß manche Bücher in mehrere Bereiche passen würden. Andererseits passiert es auch, daß aus manchen Bereichen nur wenig oder nichts da ist, was eventuell bedeutet, daß sich einige Schüler bereit erklären, Bücher aus ihrem Bücherregal von zu Hause mitzunehmen und der Schule für ein Jahr zur Verfügung zu stellen.

Eine weitere „Wachstumshilfe“ wäre, wenn die Klasse eine Sachlexikonserie von den Eltern zu Weihnachten als Geschenk erhalten würde. Jedes Kind würde am Ende des Schuljahres oder bei Ausscheiden aus der Klasse eines dieser Bücher mitnehmen dürfen. So würde die Klasse über etwa 20 verschiedene Sachbücher verfügen.

Weitere Wachstumshilfen für die Klassenbücherei

- Stöbern bei Flohmärkten;
- Hauptschüler bitten, ihre alten Kinderbücher für die Volksschüler zur Verfügung zu stellen;
- das Werbebudget von Betrieben und Banken anzapfen;
- auf andere teure Lehrmittel zugunsten der Anschaffung von Büchern verzichten;
- bei Elternabenden um Leihgaben aus den häuslichen Buchbeständen bitten (nicht selten werden diese Leihgaben dann zu einer Sachspende);
- durchstöbern von Schulbibliotheken, Konferenzzimmern, Lehrmittelzimmern und Abstellräumen nach ungenütztem Lesematerial;
- bei einem Tag der offenen Schultür die Anfänge der Klassenbücherei ausstellen, einen Projektbericht „Erweiterung der Klassenbücherei“ aushängen und ein Spendenkörbchen daneben hinstellen.

Was sonst noch zum Lesen da ist

- Gesammelte Monatsschriften, entweder in Schachteln oder in Ordnern geordnet;
- Zettelboxen oder Zettelordner zu verschiedenen Themen;
- selbsthergestellte Bücher.

Ausleihordnung der Klassenbücherei

Wenn Bücher mit nach Hause genommen werden, bedarf es einer Ausleihregelung, die eine Übersicht ermöglicht, wo bei Bedarf Bücher „eingeholt“ werden können. Der Schüler Mathias aus Kirchdorf beschreibt uns eine Möglichkeit:

Die Bücherei

In der Bücherei gibt es Bücher für
jeden Geschmack.
Jetzt aber will ich erklären, wie die
Bücherei funktioniert.
Alle zwei Wochen werden neue Bü=
cherwürmer bestimmt. Die überneh=
men die Verwaltung der Bücher.
Wenn sich also ein Kind ein Buch
ausborgen will, geht es zu den
Bücherwürmern und sagt ihnen,
welches Buch es sich ausborgen will.
Der Bücherwurm sucht das Buch
und die dazugehörige Karteikarte.
Wir haben nämlich eine Kartei mit
den Namen der Bücher gemacht.
Wenn sich jemand das Buch „Tausend
und eine Nacht" ausborgen will,
nimmt der Bücherwurm das Kärt=
chen mit der Aufschrift „Tausend
und eine Nacht" und hängt es auf
das Plakat mit den Namen der
Kinder.

Selbst gemachte Bücher

Wenn wir ein Umweltthema machen,
das sehr gut ist, können wir ein
Buch machen.
Die Kinder lesen sich die Bücher
dann durch. Das ist gut zum Ler=
nen. Wir stellen die Bücher auch
vor. In unsererer Klasse werden auch
selbstgemachte Lesebücher gemacht.
Wie man ein Buch macht:
Man schreibt einen Umwelttext
oder eine Geschichte, und dann
sammelt man Vorschläge. Über
die Vorschläge kann man dann
schreiben.
Wenn man fertig ist, macht man
einen Umschlag und klammert es
zusammen. So können es die an=
deren Kinder durchlesen.

10.4 Das Lexikon

Das Lexikon wird in den ersten beiden Schulstufen von den Kindern vorerst spontan verwendet werden. Die Erstklaßler werden es anfangs als Bilderbuch verwenden, später Wörter erlesen, die ihnen ins Auge springen. Dann wird es dazu kommen, daß die Schüler versuchen, nähere Information über eine Abbildung zu bekommen, indem sie den dazugehörigen Text lesen.
Erst wenn das Lesenlernen weiter fortgeschritten ist, suchen die Kinder nach bestimmter Information. Meist können sie sich erinnern,

beim Durchblättern zu einem bestimmten Thema etwas gesehen zu haben und möchten diese Buchstelle wiederfinden. Da sie das Alphabet noch nicht können, geschieht das durch nochmaliges Durchblättern. Bilder werden nun abgepaust, Textteile abgeschrieben. Ab der dritten Klasse kann die Handhabung der Lexika schon zielgerichteter erfolgen. Für manche ist es schon weniger zeitaufwendig, das Buch durchzublättern, und sie wenden bereits ihre Kenntnisse aus der Arbeit mit dem Wörterbuch an. Um alle Schüler vorerst einmal mit den Lexika, die sich in der Klasse befinden, zu konfrontieren, ein Arbeitsblatt:

A r b e i t s b l a t t " L e x i k o n "

Dieses Arbeitsblatt dient dir dazu, ein Lexikon näher zu erforschen.

1. Titel des Lexikons :

....

2. Besitzt dieses Lexikon vorne oder hinten ein Stichwortverzeichnis ? ....

3. Vielleicht findest du im Stichwortverzeichnis folgende Wörter:
   Arktis .... Kosmos .... Nordpol .... Vulkan....
   Trage die Seitenzahlen ein! Suche eines dieser Wörter nun auf der entsprechenden Seite, lies den Text dazu und überlege, was dir davon bereits bekannt oder unbekannt war !
   Vervollständige nun einen der beiden Sätze :

   Das wußte ich schon : ....

   ....

   ....

   Das wußte ich noch nicht : ....

   ....

   ....

4. Gibt es zu jedem Stichwort ein Bild ? .....

5. Gibt es mehr Fotos als Zeichnungen ? ....

11. Materialien und Lernspiele für die offene Einzelarbeit

Die bisherigen zehn Schritte zum offenen Lernen bedurften für die meisten Lehrer keines zusätzlichen Materialaufwandes. Für manche Lehrer gab es eventuell Überlegungen zur Anschaffung einer Leseecke, von Lesepolstern, von Lernteppichen und zur Anschaffung zusätzlicher Lesemöglichkeiten. Abgesehen von den Sitzkreisen und der freien Platzwahl ist auch der Ordnungsrahmen innerhalb der Klasse gleichgeblieben.
Der nächste Schritt soll ermöglichen, daß der einzelne Schüler in manchen Stunden mit Materialien übt, ohne daß er ständig die Anleitung des Lehrers braucht. Diese Übungen sind zum Teil auch in Partnerarbeit möglich. Sie fordern daher keine Änderung der Klasseneinrichtung und der bisherigen Sitzordnung, sondern lediglich das Besorgen oder Herstellen von Materialien, deren Vorstellung und Einführung in der Klasse und – was mir als besonders wichtig erscheint: ein extra Regal für die neuen Lernmaterialien, das genügend Platz bietet, um den Schülern die Übersicht zu gewährleisten. Es gilt folgende Regel: Jedes Material und jedes Spiel hat seinen bestimmten Platz. Wo es hergenommen wurde, dorthin muß es wieder zurückgestellt werden.
Die Materialien können auch im Rahmen der freien Aufgabenreihung als eine der Aufgaben gegeben werden, etwa die Arbeit mit der individuellen Rechtschreibkartei.

11.1 Die individuelle Rechtschreibkartei

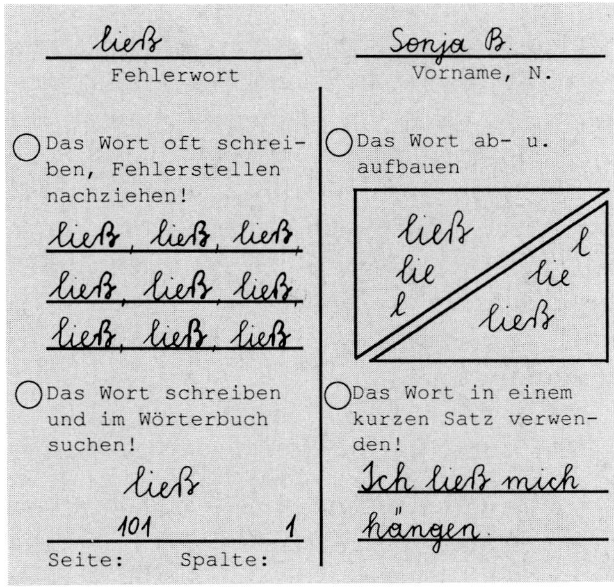
ließ
Fehlerwort
Sonja B.
Vorname, N.
Das Wort oft schreiben, Fehlerstellen nachziehen!
ließ, ließ, ließ, ließ, ließ, ließ, ließ, ließ, ließ
Das Wort ab- u. aufbauen
ließ
lie
l
l
lie
ließ
Das Wort schreiben und im Wörterbuch suchen!
ließ
101 1
Seite: Spalte:
Das Wort in einem kurzen Satz verwenden!
Ich ließ mich hängen.

Beispiel eines Rechtschreibkarteiblattes (VS Schlierbach)

In die individuelle Rechtschreibkartei werden alle Wörter eingeordnet, die der Lehrer bei seiner Korrekturarbeit besonders kennzeichnet, indem er sie z. B. am Ende der Seite nochmals richtig hinschreibt. Das Wort wird auf die Karteikarte geschrieben und wird, sobald Auftrag 1 (siehe abgebildete Karteikarte) erfüllt ist, in das erste Fach der Rechtschreibkarteischachtel, die in einer der Werkstunden hergestellt wurde und die nun jeder Schüler im Regal stehen hat, gelegt. Nicht alle Wörter, die falsch geschrieben wurden, sollen in der Kartei landen. Welche Wörter der Lehrer zum Einordnen in die Kartei auswählt, hängt von den Rechtschreibkenntnissen des jeweiligen Schülers ab. Wenn ein sehr guter Schüler einen Flüchtigkeitsfehler begeht und beispielsweise das Wort „nicht" ohne „t" schreibt, so muß er selbstverständlich dieses

Wort nicht mittels seiner Kartei mehrfach üben. Handelt es sich bei diesem Schüler um das Wort „Fridhof", so muß er dieses Wort auf ein Karteikärtchen schreiben. Bei „guten" Rechtschreibern kommen also auch schwierigere Wörter in die Kartei, bei „schwachen" Rechtschreibern vor allem jene Wörter, die dem Grundwortschatz der jeweiligen Stufe entsprechen. Auf jeden Fall soll es sich um ein erträgliches Maß an Karteiarbeit handeln. Als erträgliches Maß erscheinen mir maximal drei neue Karteikarten täglich. Es soll schließlich noch Zeit bleiben, mit den „alten" Karteikarten zu üben.

Das Üben mit der Rechtschreibkartei

Die Rechtschreibkarteibox eines jeden Schülers enthält fünf Fächer. Die Box kann in einer Werkstunde von den Schülern oder an einem Elternabend von den Eltern hergestellt werden. An diesem Elternabend wird den Eltern auch die Arbeit mit der Kartei erklärt:

Das Kind hat also den Auftrag 1 erfüllt und hat das Kärtchen im Fach 1 eingeordnet. An einem der nächsten Tage nimmt der Schüler das Kärtchen und erfüllt Auftrag 2 (das Wort schreiben und im Wörterbuch suchen). Nun wird das Kärtchen in das Fach 2 gelegt. Erst an einem anderen Tag darf es weiterwandern – in Fach 3, 4 und 5. Alle Kärtchen aus Fach 5 können nun vom Lehrer überprüft werden. Kann der Schüler nun dieses Wort tatsächlich, so kommt es in eine andere Schachtel – die Wortschatzschachtel. In dieser Schachtel ruht ein wirklich hart erkämpfter Wortschatz.

Die individuelle Rechtschreibkartei dient dem individuellen und selbständigen sowie abwechslungsreichen Rechtschreibtraining des Schülers und wird von diesem je nach vorhandener Zeit, Lust, Notwendigkeit oder auf Anraten des Lehrers zum Üben und Wiederholen verwendet. Auch die individuelle Wortschatzkiste kann gelegentlich zur Wortwiederholung verwendet werden.

Die Rechtschreibkartei kann entweder generell eingesetzt (alle Schüler üben eine halbe Stunde mit ihrer Kartei), als Zusatzaufgabe verwendet (wer mit den anderen Aufgaben fertig ist, übt mit der Rechtschreibkartei) oder nach freiem Ermessen zu beliebiger Zeit und in beliebigem Ausmaß vom Schüler verwendet werden. Manche Schüler müssen gelegentlich auf die Notwendigkeit dieser Arbeit hingewiesen werden.

Bastelanleitung siehe nächste Seite!

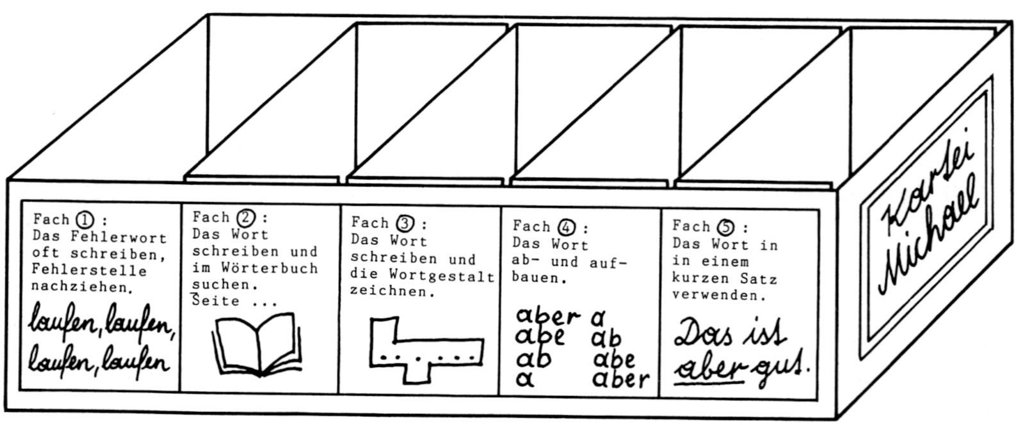

Bastelanleitung

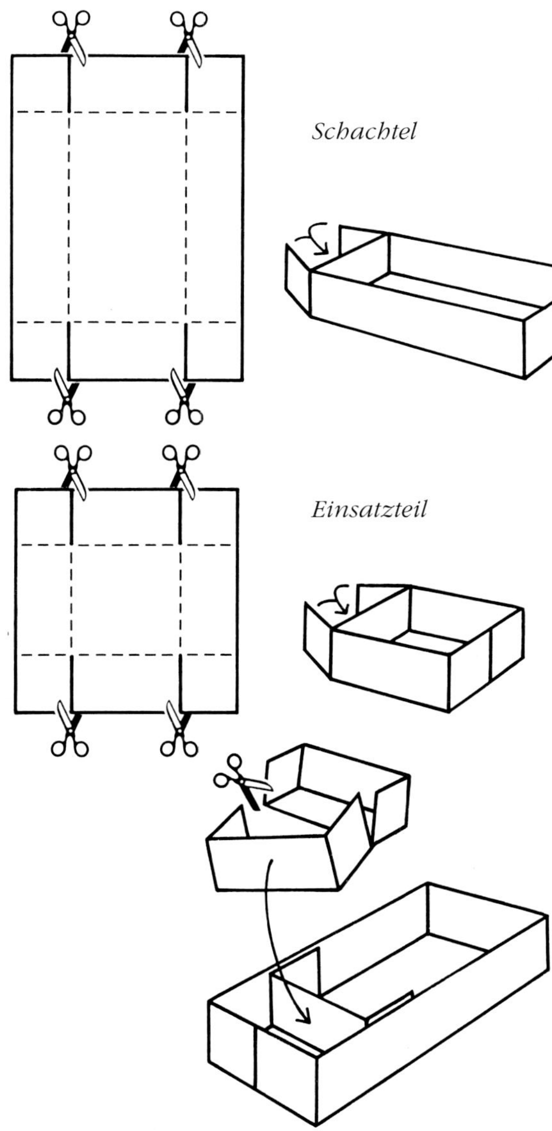

11.2 Lernspiele

Memories

Immer dann, wenn es um das Zuordnen zweier Begriffe oder Dinge zueinander geht, kann ein Memory entstehen. Jedes Memory läßt sich auch nach den Regeln des „Schwarzer Peter“ als Kartenspiel spielen, wenn man eine Karte ausscheidet, und die verbleibende Einzelkarte als Schwarzer Peter vereinbart wird.

Dominos

Auch das Dominospiel läßt sich zu fast jedem Lerninhalt herstellen. Der beste Übungs- und Wiederholungseffekt ist gegeben, wenn man sich dabei auf maximal sechs Begriffe (Wörter) beschränkt.
Im untenstehenden Beispiel aus dem Rechtschreibunterricht wurden sechs Wörter mit „ck“ geübt. Dazu braucht man 36 Kärtchen, da jedes der sechs Wörter mit den anderen sechs Wörtern kombiniert werden soll.

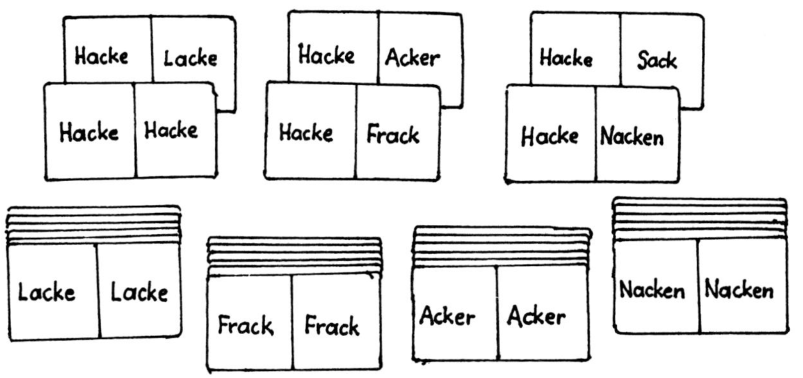

Puzzles

Beim Puzzle gibt uns das Symbol, das Wort oder die Zahl des Spielteiles einen Hinweis darauf, welcher der benachbarte Spielteil ist, aber auch die Größe und Form der Berührungsfläche zeigt uns, ob die beiden Teile benachbarte Teile sind. Das Puzzle kann auch alleine gespielt werden, da eine Selbstkontrolle eingebaut ist.

7er-Einmaleins-Puzzle

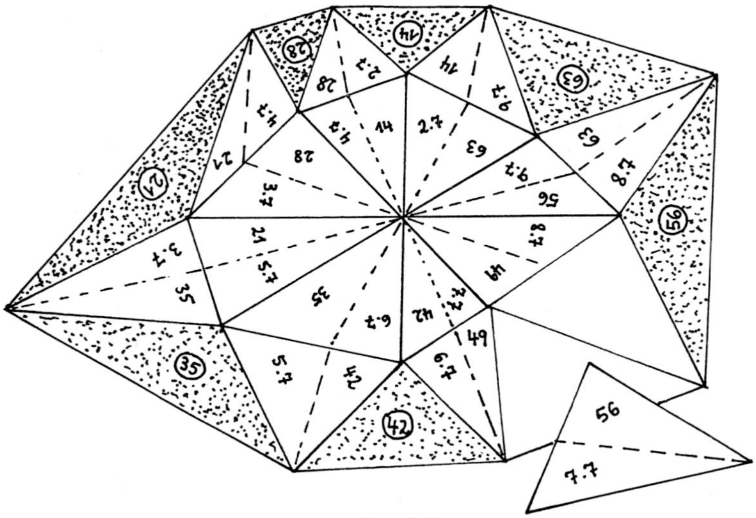

6 Lesewörter-Puzzle

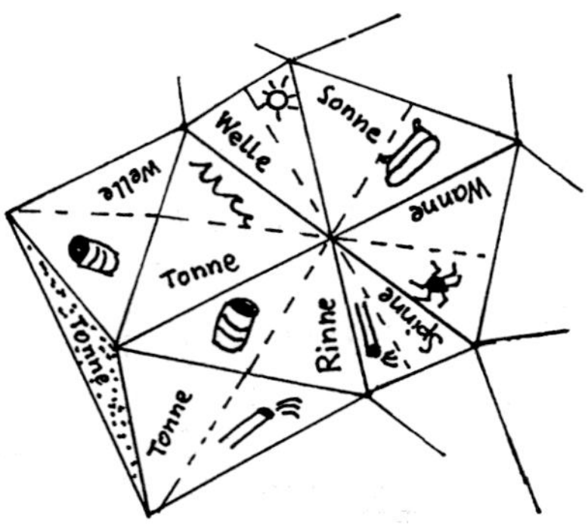

Würfelbilder-Puzzle

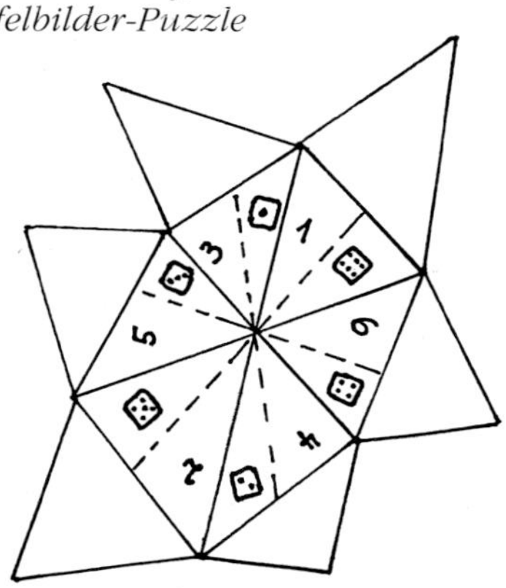

Die Herstellung von Puzzles ist nicht immer ganz leicht. Schließlich soll sich das Spiel auch „ausgehen", das heißt, alle Begriffe sollen zusammenpassen, und es soll das gewünschte Muster entstehen. Ich möchte hier eine einfache Form des Puzzles zeigen, die sich immer ausgeht. Es ist das „Sternpuzzle".

Schritt 1: Ich zeichne ein unregelmäßiges Vieleck, das so viele Ecken hat, als ich verschiedene Begriffe (oder Rechnungen) in diesem Spiel üben will. Will ich also eine Einmaleinsreihe üben, so möchte ich zehn Rechnungen unterbringen. Ich zeichne also fünf unregelmäßige Achsen, um ein Zehneck zu bekommen.

Schritt 2: Ich zeichne eine Trennungslinie durch jeden Spielteil. Jeder Spielteil enthält eine Frage und eine Antwort, die von einem anderen Kärtchen kommt.

Das Beschriften erfolgt reihum und ergibt sich ganz von selber. Zuletzt kommen die Sternspitzen drauf.

Schritt 3: Die Beschriftung der Sternspitzen ergibt sich aus der Beschriftung der anderen Teile.

Schritt 4: Jetzt werden die andersfärbigen Rahmenteile eingesetzt. Diese haben nur noch einen Begriff draufstehen.

Bei jedem dieser Sternpuzzles kommt jede Aufgabe also dreimal vor. Bei den zehn Einmaleinsrechnungen haben wir also 30 Puzzleteile.

Schritt 5: Es bewährt sich, wenn die Teile auf einer Grundplatte aufgelegt werden können, auf der der Umriß des Spiels sichtbar und der Platz des ersten Puzzleteils eingezeichnet ist.

Legeketten

Diese sind ähnlich dem Domino und dem Puzzle, allerdings gibt es hier von jedem Begriff nur eine Abbildung. Für den einzelnen Spieler ist es ein Lesespiel, für mehrere kann es auch ein Wettspiel sein: Man darf immer so lange legen, bis man nicht mehr weiterlegen kann, dann kommt der nächste Spieler dran. Wer kann als erster alle seine Kärtchen ablegen?

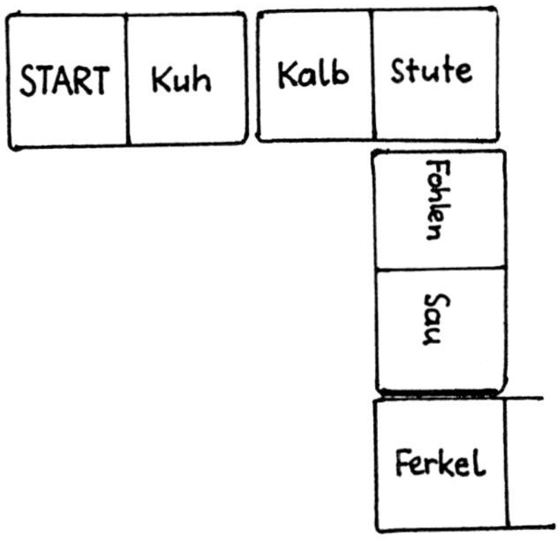

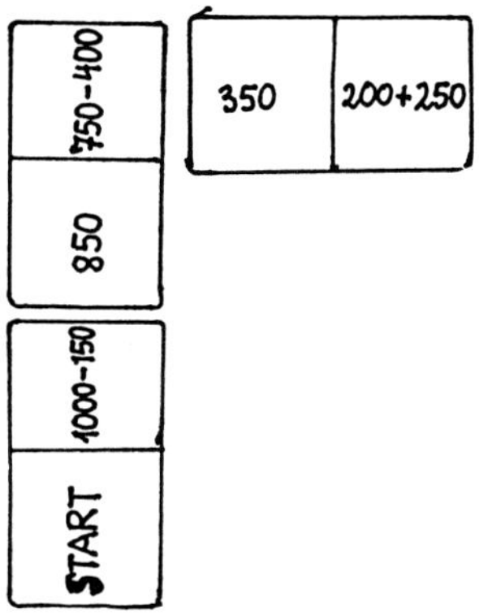

Stöpselspiele

Diese Spiele lassen sich immer dort anfertigen und spielen, wo es ums Zuordnen geht. Auf einen Karton wird das Blatt mit den Aufgaben aufgezogen. Mittels einer Lochschere stanzt man nun neben oder unter jede mögliche Antwort ein Loch. Meist ist zwischen zwei oder drei Auswahlantworten zu wählen. In das entsprechende Loch wird der Stöpsel (zur Not das Streichholz) gesteckt. Auf der Rückseite der Steckplatte ist das richtige Loch von den beiden (oder von den dreien) gekennzeichnet. Wenn die Aufgabe richtig gelöst wurde, wird auch auf der Rückseite im gekennzeichneten Loch der Stöpsel (das Streichholz) sichtbar. Auf einer Steckplatte (im Format DIN A4) wird meist nur ein Thema behandelt. (Siehe Themenvorschlag unten.)

Quartett und Terzett

Jeder Spieler erhält am Anfang sechs Karten. Bei zwei Spielern darf man bei „abgeblitzt" vom Stoß eine weitere Karte kaufen.

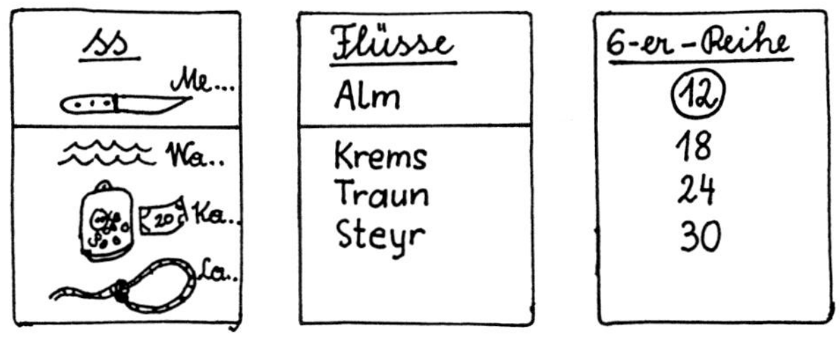

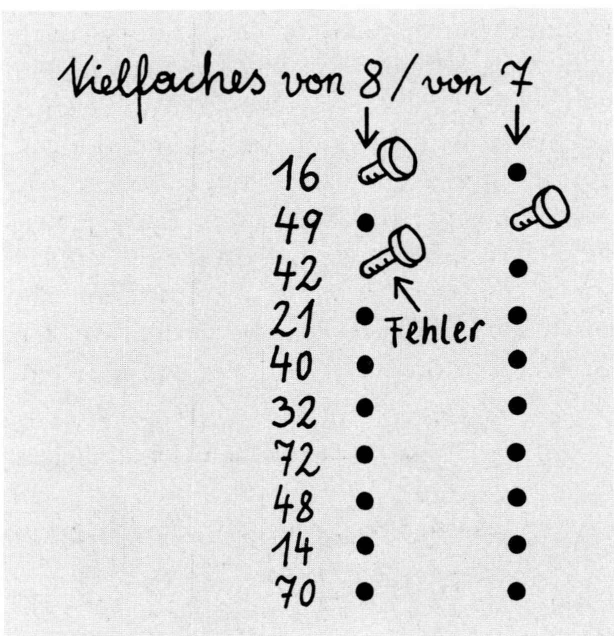

Vorderseite

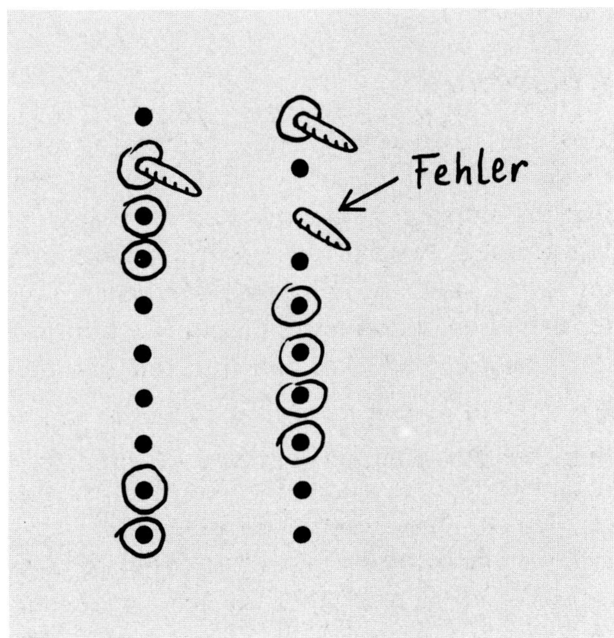

Rückseite

Lernkarussell

Mit einem Briefkuvert und einer runden Pappscheibe wird das Karussell hergestellt. In das Briefkuvert wird ein Fenster geschnitten, die Pappscheibe wird mit einem Splint im Kuvert befestigt. Auf der Rückseite ist das Ergebnis sichtbar und kann entweder selber oder vom Partner, der gegenüber sitzt, kontrolliert werden (Abb. 1). Bei der zweiten Möglichkeit wird die Lösung sichtbar, wenn die Scheibe weitergedreht wird. Wird die Scheibe im Uhrzeigersinn gedreht, ist es ein Lesespiel, gegen den Uhrzeigersinn ist es ein Rechtschreibspiel (Abb. 2).

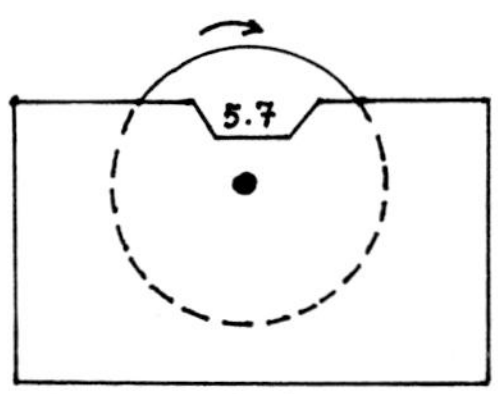

Abb. 1

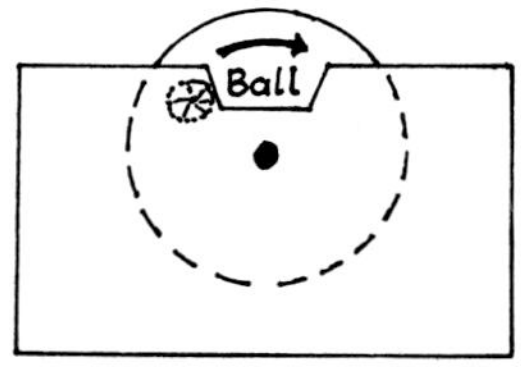

Abb. 2

Schiebekarten

Hier gibt es eine einfache, weniger arbeitsreiche Variante und eine Variante, bei welcher mehrere Beispiele mit einer Karte gelöst werden können. Die Beispiele werden mündlich mit dem Partner geübt; durch Weiterschieben des Schiebers werden die Ergebnisse kontrolliert. Die Beispiele können ins Heft übertragen werden.

Einfaches Beispiel mit nur einer Aufgabe.

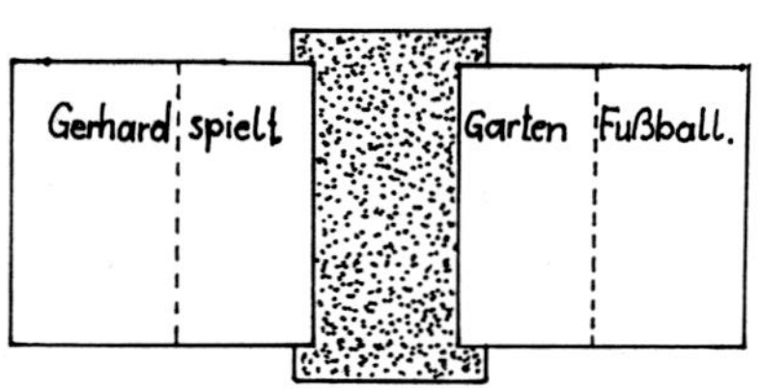

Bei dieser Art von Schieber stehen mehrere Antworten zur Auswahl. Hier kann auch die Rückseite mit Aufgaben versehen werden.

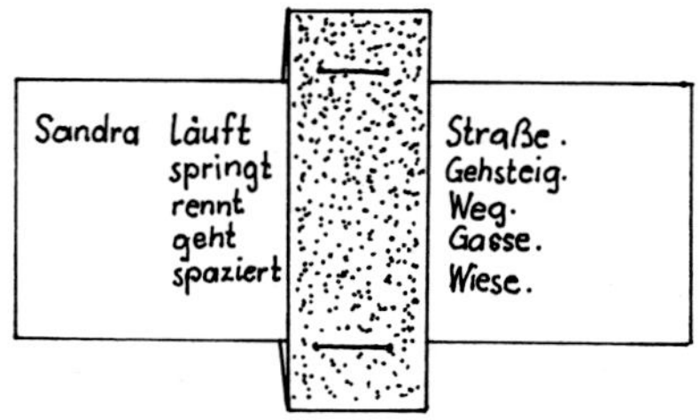

Wenn die Antworten stufenweise verschoben sind, sind mehrere Aufgaben auf einer Seite möglich.

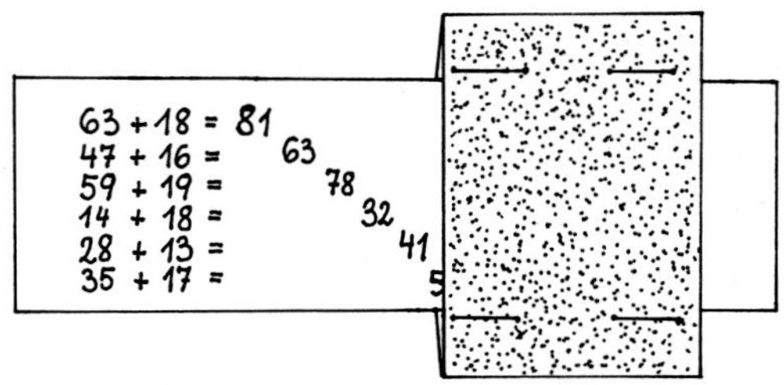

Lernkreisel

In einem Karton mit Rand (z. B. Schuhschachteldeckel) sind mit verschiedenen Farben Fragen aufgeschrieben oder Symbole aufgezeichnet. Am außenliegenden Kartonrand, der vom Spieler abgewendet ist, stehen in der entsprechenden Farbe die Antworten. Es ist jeweils die Frage zu beantworten, auf die die Kreiselspitze zeigt. Es können drei weitere Einlageblätter für dieses Spiel hergestellt werden, da vier Kartonränder für vier verschiedene Aufgabenbereiche zur Verfügung stehen.

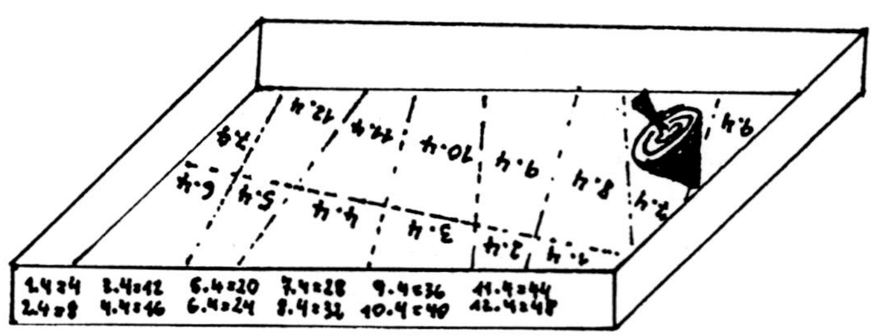

Brettspiele

Brettspiele werden paar- oder gruppenweise gespielt. Wer kommt durch Würfeln am schnellsten vom Start zum Ziel? Die Spielpläne können auch von Kindern selber hergestellt werden. Die einfachste Form kann auf alle Unterrichtsthemen angewendet werden: ein Drittel aller Felder ist farblich gekennzeichnet. Auf diese Felder werden Fragekärtchen gelegt, auf deren Unterseite die Antwort steht. Bei einer richtigen Antwort rückt man zwei Felder nach vor, bei einer falschen Antwort zwei Felder zurück. Die Spielpläne können auf bereits fertige Zeichnungen gezeichnet oder im nachhinein von den Schülern gestaltet und mit Klarsichtfolie überzogen werden. Bei einer anderen Form von Brettspielen muß immer dann eine Karte von einem Fragekartenstapel genommen werden, wenn man auf ein besonders gekennzeichnetes Feld kommt. Wiederum befindet sich auf der Rückseite des Kärtchens die Antwort. Bei dieser Form des Brettspiels kann der Spielplan für mehrere Spiele (mehrere Fragekartenstapel) verwendet werden. Bei dieser Spielvariante kann sich auch jeder Spieler für einen anderen Fragestapel (anderen Themenbereich) entscheiden. Die Fragestapel können sich auch durch den Schwierigkeitsgrad unterscheiden und entsprechend gekennzeichnet sein (* leicht, ** mittel, *** schwierig).

Würfelspiele

Jede Würfelseite zeigt ein Rechtschreibproblem, Mathematikproblem oder Grammatikproblem, auf das mehrere Lösungen zutreffen können. Diese Lösungen sind auf Kärtchen aufgezeichnet oder aufgeschrieben, die alle sichtbar vor den mindestens zwei Spielern aufgelegt sind. Der Spieler nimmt nach jedem Wurf ein Kärtchen, das zum Würfelbild paßt.

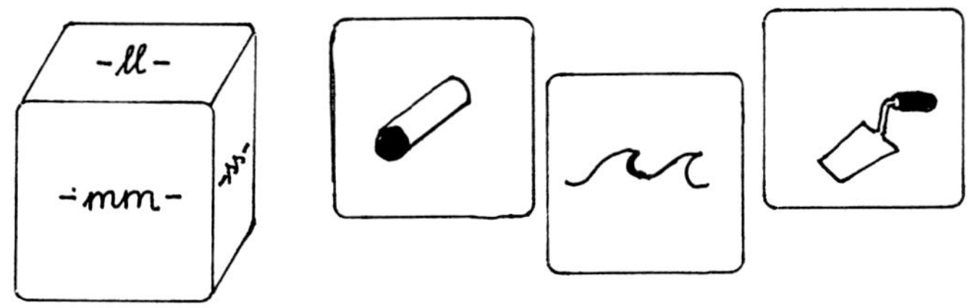

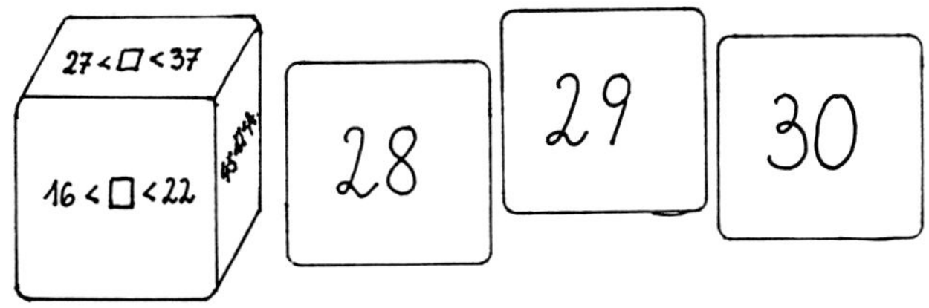

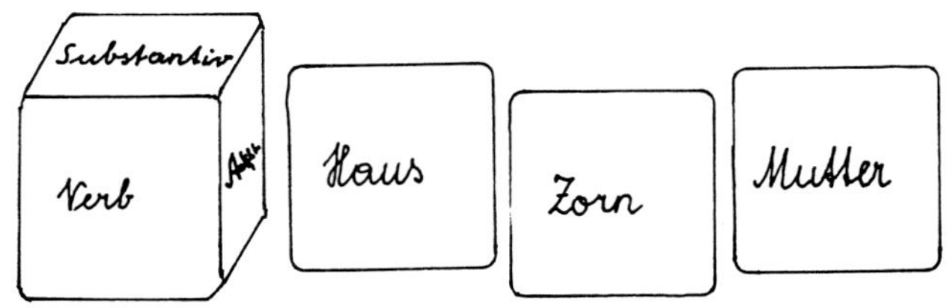

Allgemeine Hinweise zu Lernspielen

Die meisten hier angegebenen Lernspiele dienen der Übung und Festigung von bereits Gelerntem. Sie machen im Gegensatz zu vielen anderen Übungs- und Wiederholungsformen Spaß und werden deshalb von den Kindern mit viel Eifer und Konzentration verwendet.

Die hier angegebenen selber gebastelten Spiele haben den Vorteil, daß sie vom Lehrer, der sie gebastelt hat, direkt auf den stattfindenden oder auf den stattgefundenen Unterricht abgestimmt sind. Selbstverständlich können in der Klasse auch gekaufte Lernspiele verwendet werden.

Besonders bewähren sich Bastelnachmittage unter Mithilfe der Eltern. Eltern, die selber Lernspiele hergestellt haben, lernen deren Wert zu schätzen. Diese Eltern werden kaum die von manchen Lehrern gefürchtete Kritik, es würde in der Schule zu wenig gearbeitet und zu viel gespielt äußern, denn sie wissen, daß diese Spiele mit Lernarbeit vergleichbar sind. Wenn Schüler unter Anleitung des Lehrers selber Spiele herstellen, werden sie mit diesen Spielen besonders sorgfältig umgehen. Zur Schonung sollen die Spiele mit Folie überzogen und in schönen Schachteln und Kistchen, die gut beschriftet sind, aufbewahrt werden. Der Platz eines Spiels im Regal soll immer derselbe sein. Anfangs wird es notwendig sein, einzelne Spiele in der Klasse einzuführen. Dies soll nicht frontal sondern im Stationsbetrieb in der Kleingruppe erfolgen. Schüler, die ein Spiel schon kennen, können es anderen weitervermitteln.

Viele Spiele enthalten eine Selbstkontrolle. Manche Schüler müssen immer wieder auf Hilfen zurückgreifen, z. B. das Antwortkärtchen anschauen. Hier hat das Spiel nicht die Funktion der Wiederholung sondern der Neuerarbeitung. Wenn Kinder selbständig mit Lernspielen umgehen können, bedeutet das eine Entlastung für den Lehrer, er hat Zeit zu Fördermaßnahmen.

Wenn sich der Lehrer in einer Gruppe selber an einem Lernspiel beteiligt, trägt das positiv zur Lehrer-Schüler-Beziehung bei. Das Miteinander-Spielen ist auch der Klassengemeinschaft förderlich. Schüler, die ansonsten wenig Kontakt haben, lernen einander dabei besser kennen. Manche Kinder lernen, Kontakt zu knüpfen, indem sie einen Spielpartner suchen. „Spielst du mit mir?“ ist manchmal der Start einer Freundschaft.

Nicht zuletzt lernen wir im Spiel, daß Regeln für ein Miteinander notwendig sind, daß für die Wiederholbarkeit der Spiele Ordnung und bedächtige Handhabung notwendig sind. Man kann das Verlieren und das Gewinnen lernen.

12. Die gelenkte Partnerarbeit

„Teamarbeit“, „Kooperationsfähigkeit“, das sind derzeit hoch angesehene Schlagwörter. Lehrer, die in ihrer Klasse offenes Lernen einführen wollen, müssen anfangs oft erkennen, daß in der Partnerarbeit „nichts weitergeht“, die Kinder dabei „nur streiten“. Auch die Kinder sind anfangs oft nicht davon begeistert – die Begeisterung kann nur bei einer gelungenen Partnerarbeit entstehen, bei der man das Gefühl hat, etwas geleistet zu haben. Aufgabenstellungen, bei denen die Kinder in der Partnerarbeit überfordert sind, führen zu Streit oder zu Versuchen, die Arbeit lieber alleine zu erledigen.
Zuerst muß gelernt werden, sich etwas gemeinsam einzuteilen, sich aufzuteilen, sich zu verabreden, Kompromisse zu schließen, nachzugeben, auf den anderen zu warten, dem anderen weiterzuhelfen, den anderen um Hilfe zu bitten, etwas herzuborgen, sich etwas auszuborgen, usw.

Wenn alle diese Anforderungen auf einmal bei ein und derselben Aufgabenstellung erfüllt werden sollen, kann es anfangs zu Schwierigkeiten kommen.
Die gelenkte Partnerarbeit nimmt den Kindern anfangs einige dieser Schwierigkeiten ab.
Bei der gelenkten Partnerarbeit wird dem Kind die Entscheidung abgenommen, mit wem es arbeiten soll, an welchem Platz, mit welchem Material, wie lange und zu welchem Zeitpunkt.
Besonders über die Art des Ergebnisses und die Art der Kontrolle muß anfangs Klarheit herrschen.
Gut geeignet sind für den Anfang sogenannte „Einmal ich – einmal du"-Spiele oder Arbeiten mit dem Banknachbarn, bei denen automatisch geklärt ist, wer gerade dran ist, etwas zu tun. Besonders Lernspiele haben klare Regeln, die den Kindern viele Entscheidungen und Streitpunkte abnehmen.

Andere geeignete Übungen:
Wörterkette, Wechsellesen, Murmellesen, Wechselzeichnung (kooperatives Malen), Partnerdiktat.
Schwieriger schon sind: Partneraufsatz, Partnergespräch zu einem bestimmten Thema, gemeinsames Sammeln von Fakten und Begriffen, gemeinsames Lösen von mathematischen Aufgaben.

Hier kann es bei Problemen dazu kommen, daß diese Arbeit zu einer Einzelarbeit des „Leistungsstärkeren" wird und der andere eigentlich nur Mitläufer oder Nachläufer ist. In beiden Fällen bezweifle ich die Sinnhaftigkeit einer Partnerarbeit. Erst wenn die gelenkten Partnerarbeiten mit dem gewohnten Sitznachbarn und klaren, einfachen Arbeitsaufträgen gut funktionieren, sollte zu teilweise gelenkten und freien Partnerarbeiten übergegangen werden.

Eine weitere Hilfe zum Erlernen der partnerschaftlichen Arbeit sind Partneraufgaben außerhalb des Unterrichtsgeschehens: zwei Blumengießer, zwei Tafellöscher, zwei Schulmilchordner, . . .
Einige Unterrichtsgegenstände bieten sich besonders zur Übung von Partnerschaft an: Partnerübungen im Sport, gegenseitige Hilfe im Werkunterricht, Tanzspiele im Musikunterricht, . . .
Partnerschaft wird auch gefördert durch Partnerhausübungen und durch Interaktions-Partnerspiele.

13. Interaktionsspiele zur Förderung der Partnerarbeit

Kooperatives Legen von Streichhölzern

Phantasiebild

Jeder hat zehn Streichhölzer. Ein Streichholz legt Walter, eines legt Doris, dann legt wieder Walter eines dazu, bis, ohne daß man etwas vereinbart hat, ein Gebilde entsteht. Das Gebilde wird nun genau betrachtet und dann abgedeckt. Man versucht wieder mit der „Einmal ich – einmal du"-Methode, aus dem Gedächtnis das vorige Bild noch einmal zu bauen.

Suchbild

Walter legt eine Figur aus 5–8 Streichhölzern. Doris legt mit ihren Streichhölzern genau die gleiche Figur, wobei es auch auf die Lage der Streichholzköpfe ankommt. Nun schaut Doris ein. Walter ändert etwas bei seiner Figur. Doris sucht nun den Unterschied.

Diktierbild

Doris legt ein einfaches Bild. Walter darf das Bild nicht sehen. Nun beschreibt Doris dem Walter ihr Bild. Walter legt genau nach dem Diktat von Doris nach.

Kooperatives Malen

Einen Strich zieht Walter, den nächsten Doris. So wird abwechselnd gezeichnet, bis, ohne daß gesprochen wird, ein Gebilde entstanden ist.
Varianten: 1. Doris führt Walters Hand. 2. Beide zeichnen gleichzeitig auf einem Blatt. Jeder beginnt auf einem Blattrand. Ein gemeinsames Thema ist vereinbart. Was passiert, wenn die beiden Partner sich in der Blattmitte treffen?

Schneemann bauen

Ein Spieler ist der Schneemann, der gebaut werden soll, der andere ist das Kind, das den Schneemann baut. Das Kind beginnt bei den Füßen zu bauen. Es klopft sanft die Füße zurecht, formt Beine, bearbeitet den Rumpf, macht den Kopf rund, gibt den Armen eine Form und stattet den fertigen Schneemann mit Requisiten (Hut, Schal, Knöpfe, Stock, Kohleaugen, Karottennase) aus. Bei diesem Spiel ist es notwendig, daß der „Schneemann" die aktive Rolle des „Kindes" akzeptiert und daß er darauf vertrauen kann, daß er vom Kind sanft behandelt wird. Das Kind, in der Rolle des Aktiven, formt den anderen. Wenn der andere aber zu steif ist, wird das Formen unmöglich – es bedarf also einer minimalen Kooperationsbereitschaft des „Schneemannes".

Skulpturen bauen

Ein Spieler ist die Skulptur, der andere der Bildhauer. Die Skulptur kann sich aus eigenen Stücken nicht bewegen und verändern. Dies tut der Bildhauer.
Variante 1: Der Bildhauer formt (z. B. einen Schifahrer in Abfahrtshocke), die Skulptur rät nachher, was sie darstellt.
Variante 2: Die Skulptur gibt dem Partner selber den Auftrag, was sie werden will. Wenn der Bildhauer fertig ist, sagt die Skulptur, ob sie zufrieden ist oder ob sie noch Änderungswünsche hat. Zum Raten kann auch ein anderes Paar herangezogen werden.

Schlafender Eisbär

Ein Spieler liegt am Bauch am Boden. Der andere Spieler spielt das Wetter. Der Lehrer gibt die „Einlagen": Regentropfen (Fingerspitzen berühren vereinzelt den Rücken des Eisbären), Schneefall, Regenguß, Hagel, Wind, wärmende Sonne – das versucht der „Wettermacher" dem Eisbären – ohne dabei grob zu sein, mit seinen Händen zu vermitteln, bis der Eisbär genug hat und mit Gebrumm erwacht.

Spiegelübung

Diese altbekannte und bewährte Interaktionsübung soll an dieser Stelle nicht fehlen. Sanfte Musik wird eingeschaltet. Die Partner stellen sich im Abstand von etwa einem Meter auf. Ein Spieler ist die Person, der andere das Spiegelbild. Er vollführt die gleichen langsamen Bewegungen der Person spiegelbildlich. Eine Hilfe dabei kann das Auflegen einer Schnur als Symmetrieachse (als Spiegelfläche) sein. Diese Übung muß unbedingt ohne zu sprechen und ganz langsam durchgeführt werden.

Blind führen

Auch diese Übung wird von vielen Lehrern gerne als partnerschaftliche Vertrauensübung eingesetzt. Anfangs sollte dem Blinden noch die Möglichkeit des Blinzelns gegeben werden, indem man ihm die Augen nicht verbindet. Wenn das Vertrauen dadurch gewachsen ist, daß bei den ersten Führungsversuchen durch den Raum keine Karambolagen und Unfälle passiert sind, können die Augen verbunden werden.

Ich-du-wir-Würfel

Jeder der beiden Spieler beschriftet fünf Zettel. Auf jedem dieser Zettel steht eine Tätigkeit, die man entweder alleine oder zu zweit durchführen kann. Nun werden die zehn Zettel gemischt, und es wird gewürfelt. Erscheint das Würfelbild ICH, so muß der Würfelnde die Tätigkeit, die auf dem gezogenen Zettel steht, alleine verrichten, bei DU muß es der andere alleine tun, bei WIR tun es beide gemeinsam.

14. Die teilweise gelenkte Partnerarbeit

Schüler, die bereits mit der gelenkten Partnerarbeit gute Erfahrungen gemacht haben, werden mit der „teilweise gelenkten Partnerarbeit" kaum Schwierigkeiten haben. Ich verstehe darunter:

- Partnerarbeit mit freier Aufgabenreihung;
- Partnerarbeit mit freier Platzwahl, aber gebundenem Inhalt und vorgeschriebenem Material- und Zeitaufwand;
- Partnerarbeit mit dem Banknachbarn, aber mit freier Wahl der Arbeitsmittel zu einem vorgegebenen Thema;
- Partnerarbeit, bei der alles, bis auf den Partner, vorgegeben ist, also mit freier Partnerwahl.

15. Die offene Partnerarbeit

Die offene Partnerarbeit kann nicht angeordnet werden, sie kann lediglich vom Lehrer beobachtet werden, wenn Schüler sich aufgrund ihrer positiven Erfahrungen mit gelenkten Partnerarbeiten immer wieder dazu entschließen, etwas zu zweit zu tun. Wenn das offene Lernen noch nicht als durchgehendes System in der Klasse eingeführt wurde und gehandhabt wird, kann es nun vorkommen, daß der Lehrer diesen Kindern gelegentlich sagen wird:

„In dieser Stunde ist keine Partnerarbeit möglich."

Umgekehrt kann es aber zu folgender Situation kommen: „Heute dürft ihr zwei Stunden selbständig arbeiten. Ihr sollt von den fünf Arbeitsanweisungen, die an der Tafel stehen, mindestens zwei erledigen. Dazu sollt ihr euch einen Partner suchen, der die gleichen Interessen hat. Wenn der ausgesuchte Partner nicht gerade euer Banknachbar ist, müßt ihr euch mit eurem Banknachbarn einigen, wer von euch beiden das Feld räumt. Dabei kann es zu Konflikten kommen. Diese sollen friedlich gelöst werden. Sucht euch einen Platz in der Klasse, wo ihr nicht gestört werdet und ihr auch niemanden stört. Bei einigen Arbeiten ist der Arbeitsplatz vorgegeben, z. B. der Experimentiertisch. Bei einigen Arbeitsaufträgen gibt es keine Angabe darüber, welche Bücher, Arbeitsblätter, Hefte und Arbeitsmittel ihr verwenden sollt. Hier müßt ihr gemeinsam mit eurem Partner selber erfinderisch sein, wie ihr lernen wollt und wie ihr das Gelernte dokumentieren wollt. Achtet bitte auf die Gesprächsregeln! Es gibt auch Aufträge, die ihr alleine erledigen könnt."

Soll man Kinder zur Partnerarbeit zwingen? Ich sage: Prinzipiell nein! Man soll Gelegenheiten organisieren, in denen jedes Kind die Partnerarbeit ausprobieren kann – vielleicht kommt es auf den Geschmack. Sobald jedoch das Kennenlernen dieser Arbeitsform abgeschlossen ist, sollte das Kind jederzeit die Möglichkeit haben, alleine zu arbeiten. Ich persönlich nehme es jedenfalls für mich in Anspruch, mich – auch bei der Einzelarbeit, zurückzuziehen. Kinder, die auffallend oft ganz alleine arbeiten, können nun entweder nicht zu einem Erfolgserlebnis bei der Partnerarbeit kommen, weil sie vielleicht ständig in Streit geraten, weil sie keinen Partner finden oder weil sie sehr wohl mit anderen Menschen arbeiten können, aber noch lieber alleine arbeiten. Ich finde, man sollte letzteren ihre Freiheit lassen. Den ersteren jedoch, die Kontaktschwierigkeiten haben, könnte man helfen, indem man als Lehrer anfangs öfter für dieses Kind den positiven Partner spielt, später ein anderes Kind als Helfer gewinnt, sodaß letzten Endes auch andere Partner für dieses Kind in Frage kommen.

16. Die gelenkte Gruppenarbeit

Die gelenkte Gruppenarbeit schreibt vor: Inhalt, Art der Tätigkeit, Material, Gruppengröße, Bildung der Gruppe, den Arbeitsplatz, die Speicherung (Sicherung) des Gelernten,

die Dauer, das Arbeitspensum und die Art der Ergebniskontrolle.
Der wesentlichste Unterschied zwischen gelenkter Gruppenarbeit und offener Gruppenarbeit ist die Steuerung der Gruppenzusammensetzung bei der gelenkten Gruppenarbeit durch den Lehrer.
Viele Lehrer setzen die Gruppenarbeit auch im gelenkten Unterricht aus folgenden Motiven ein:

1. Es steht nicht für jeden Schüler genügend Material zur Verfügung. Der Lehrer möchte aber trotzdem, daß alle Schüler zur selben Zeit dasselbe lernen. Also bekommt jede Gruppe ein Exemplar des Lernmaterials.
2. Der Lehrer hat vielfältiges Material, jedoch in beschränktem Ausmaß zur Verfügung und gibt daher jeder Gruppe anderes Material (arbeitsteiliges Verfahren).
3. Der Lehrer gibt der Gruppe einen Auftrag, den ein einzelner aus Schwierigkeits- oder aus Zeitgründen nicht alleine lösen kann.
4. Der Lehrer möchte, daß leistungsstarke Schüler den leistungsschwachen helfen.
5. Der Lehrer möchte, daß die Schüler lernen, sich innerhalb der Gruppe die Arbeit sinnvoll aufzuteilen.
6. Der Lehrer möchte, daß der einzelne öfter zu Wort kommt als im Frontalunterricht.
7. Der Lehrer möchte den Kontakt der Kinder zueinander fördern.
8. Der Lehrer möchte das Demokratieverständnis der Kinder stärken, indem sie lernen, miteinander zu Entscheidungen zu kommen und lernen, Minderheiteninteressen zu respektieren.
9. Der Lehrer möchte, daß die Schüler lernen, ohne direkte individuelle Lehrerkontrolle zu arbeiten.
10. Der Lehrer möchte innere Differenzierung durchführen und faßt für bestimmte Arbeiten Schüler zusammen, die den gleichen Leistungsstand haben.

Beispiele zur gelenkten Gruppenarbeit

- Um die Tausendermenge einzuführen, verteilt der Lehrer an jede Gruppe eine Schachtel mit kleinen Steinen (Kies). Jede Gruppe soll feststellen, ob ihre Schachtel mehr oder weniger als tausend Steinchen enthält.
  Für ein einzelnes Kind wäre dies eine endlose und sehr langweilige Arbeit. Wenn man sich die Arbeit teilt, lernt man die Vorteile der Gruppenarbeit zu schätzen.

- Jede Schülergruppe erhält ein anderes Lexikon, mit dem Auftrag, etwas zum Begriff „Himmelskörper“ zu finden. Jede Gruppe soll für das Sachunterrichtsheft einen Merktext, ergänzt durch beschriftete Zeichnungen entwickeln.

- Der Lehrer besitzt Prospekte von den Nachbargemeinden des Heimatortes, allerdings von jedem Prospekt nur ein Exemplar. Jede Gruppe bekommt die Prospekte von einem Ort mit dem Auftrag, einen Vortrag über diesen Ort vorzubereiten.

- Der Lehrer gibt jeder Gruppe einige schwierige Rechnungen zu lösen. Die Rechnungen sollen gelöst werden, und zu jeder Rechnung soll eine geeignete Textaufgabe gefunden und aufgeschrieben werden. Es ist von Vorteil, wenn es in dieser Gruppe gute Rechner, gute Formulierer und auch Kinder mit großem Sachwissen gibt.

- Der Sprung vom Gemeinschaftsaufsatz zum Einzelaufsatz ist manchmal für einige Kinder zu groß. Der Gruppenaufsatz kann hier einen geeigneten Übergang bilden.

- Der Lehrer kündigt für den nächsten Tag eine Gruppenarbeit mit dem Thema „Gemüse“ an. In jeder Gruppe sollen sechs verschiedene Gemüsesorten vorhanden sein, die von zu Hause mitgebracht wurden. Die Schüler machen sich aus, wer was mitbringt. Von der Verläßlichkeit eines jeden einzelnen hängt die Erfüllung des Gruppenauftrages ab.
- Es wurde ein Kreisspiel mit der ganzen Klasse erlernt. Einige Schüler beklagen sich jedoch darüber, nicht oft genug drangekommen zu sein. Bei manchen Spielen ist es möglich, diese auch in der Kleingruppe zu spielen.
- Viele Menschen – nicht nur Kinder leiden unter Kontaktarmut am Arbeitsplatz. Besonders dort ist die Einsamkeit oft groß, wo zwar Menschen in der Nähe sind, der Kontakt zu ihnen aber nicht möglich oder erlaubt ist, wie das oft in Großraumbüros oder Fabriken und leider auch in manchen Schulklassen der Fall ist. Um das Bedürfnis nach Kontakt zu stillen und in erlaubten Bahnen ablaufen zu lassen, kann uns die Gruppenarbeit dienlich sein. Viele am Lehrmittelmarkt erhältlichen Spiele können in der Kleingruppe eingesetzt werden und lockern den Unterricht auf. Vor allem aber Rollenspiele, etwa zu einem gelesenen Text oder zu einem Problem aus dem Bereich „Sprechen“, dienen der Förderung des Kontakts. In der Gruppe können Kinder einander näher kennenlernen, und zwar auch einmal von einer anderen Seite. Eigentlich kann jede Gruppenarbeit den Kontakt fördern, besonders aber, wenn gemeinsame Spiele und gemeinsame Projektarbeit auf dem Programm stehen.

17. Die offene Gruppenarbeit

Nach ausreichender Durchführung gelenkter und teilweise gelenkter Gruppenarbeiten wird sich in der offenen Gruppenarbeit herausstellen, wie gut die Schüler Teamarbeit gelernt haben.
Für das offene Lernen ist es notwendig, daß der einzelne Schüler nach Bedarf und nach Bedürfnis dazu imstande ist. Im offenen Lernen wird davon ausgegangen, daß der Lehrer nicht für den einzelnen entscheiden kann und will, ob dieser Schüler eine Arbeit lieber alleine, zu zweit oder besser in der Gruppe erledigen kann (oder will). Ein Kind, daß eine bestimmte Arbeit unbedingt alleine erledigen möchte und zu einer Gruppenarbeit gezwungen wird, könnte unter diesen Bedingungen sicherlich nichts Optimales leisten und würde möglicherweise die Arbeit der anderen Gruppenmitglieder behindern. Die „Einschulung“ in die Möglichkeiten der Gruppenarbeiten ist notwendig, um entmutigenden Mißerfolgen bei der offenen Gruppenarbeit vorzubeugen.
Die gelenkte Gruppenarbeit kann in einer Klasse, in welcher das offene Lernen bereits weitgehend stattfindet, noch immer gelegentlich in einer der wenigen gelenkten Stunden eingesetzt werden.
Die offene Gruppenarbeit hat, sofern die Schüler bereits daran gewöhnt sind, folgende Vorteile:

- Die Schüler bereiten sich in der selbstgewählten Gruppe ihr Material selber vor.
- Es kommt kaum zu Konflikten, da die Schüler einander selber gewählt haben.
- Die Arbeiten können in anderer Form auch von einzelnen oder von Paaren erledigt werden.

- Es gibt keinen Zwang zu einem bestimmten Ergebnis. Lediglich der Ehrgeiz, den anderen Kindern ein gutes Ergebnis zeigen zu können und die Freude an sinnvoller, selbstbestimmter Tätigkeit, bestimmen das Tun.
- Der Lehrer steht nicht unter dem Zwang, Kontrolle ausüben zu müssen, sondern darf Helfer sein.
- Der Lehrer hat Zeit für einzelne Schüler oder Gruppen, die Probleme haben.
- Der Lehrer kann sich über überraschende Ergebnisse freuen.

Ein Beispiel für den Anfang mit offener Gruppenarbeit

„In den nächsten vier Stunden dürft ihr euch aussuchen, ob ihr alleine, zu zweit oder in Gruppen arbeiten wollt. Ihr dürft während dieser vier Stunden auch wechseln – etwa zu einer anderen Gruppe oder von der Gruppenarbeit zwischendurch zur Partner- oder Einzelarbeit. Wichtig ist, daß ihr euch dabei mit den Beteiligten absprecht.
Ihr könnt in diesen vier Stunden den Arbeitsplatz frei wählen. Stellt euren Sitzplatz auch anderen zur Verfügung, vertreibt aber niemanden von seinem eigenen Platz, wenn er es nicht will.
Die einzige Vorschrift ist: Ihr sollt zum Thema „Eisenbahn" arbeiten. Es können Rechnungen sein, Rechtschreibübungen, Forschungsarbeiten im Sachunterricht, Werkstücke, Zeichnungen, Lieder, u. a. m.
Überlegt euch, wie ihr eure Arbeit präsentieren wollt: Ein Projektbuch machen, Karteikarten herstellen, Wandplakate, Arbeitsblätter für andere Schüler, Vorträge, Lernspiele bauen, sich vom Lehrer prüfen lassen, in Heften arbeiten und den Lehrer kontrollieren lassen, auf Tonband aufnehmen, usw. Die Präsentationen sollen morgen stattfinden."

Aus obigem Beispiel ist ersichtlich, daß nicht alle Möglichkeiten für jede Klasse bereits zur Verfügung stehen, da sie den Schülern eventuell noch nicht gezeigt wurden oder weil das dazu nötige Material oder der Platz nicht zur Verfügung stehen.
Es ist also an der Zeit, weitere Materialien und Arbeitsformen einzuführen, wozu das folgende Kapitel behilflich sein kann.

Wie entstand das Theater

Vor Weihnachten spielten wir Adventengerl.

Adventengerl ist, daß ein Kinder oder 2 Kinder

oder eine Gruppe den anderen Kindern eine

Überraschung machen. Bei einer Besprechung

sagte Matthias, daß die die Adventengerl auch

ein Thearter spielen könnten. Heike,Tamara

Mario und ich fanden das eine super Idee.

Darum studierten wir eine Thearter

ein. Nach ein paar Tagen wurde es in der

Klasse vorgespielt. Dem Lehrer und den Kindern

hat das Theater so gut gefallen, daß sie

sagten,daß wir ja ein paarmal ein Theater

vorspielen Könnten. Und das machen wir jetzt

alle paar Wochen.

Vom Markus

Ein Beispiel von offener Gruppenarbeit (VS 1, Kirchdorf)

18. Der offene Frontalunterricht

Es gab einmal einen Schüler, der hieß Wolfgang. Er konnte in der zweiten Klasse schon bis zu einer Million rechnen. Diesem Wolfgang war immer langweilig, wenn der Lehrer den Kindern an der Tafel recht lange etwas erklärte. Manchmal verstanden einige Kinder die Erklärungen des Lehrers nicht gleich, und der Lehrer erklärte alles noch einmal. Oft mußte er es noch ein drittes oder viertes Mal erklären. Dabei wurde dem Wolfgang immer langweiliger, und er wurde ungeduldig. Er bekam einen Zorn auf die „Dummen", die schuld an seiner Langeweile waren. Da bat er den Lehrer, ob er inzwischen schon im Rechenbuch beginnen dürfe. Der Lehrer hatte Mitleid mit Wolfgang und erlaubte es ihm. Erleichtert suchte sich Wolfgang die zum soeben besprochenen Lehrstoff passende Rechenbuchseite und rechnete drauflos. Da wurde auch dem Michael langweilig, denn auch er hatte schon längst verstanden, worum es bei den Erklärungen des Lehrers ging. Also bat er den Lehrer, alleine still weiterarbeiten zu dürfen. Und weil der Lehrer ein gerechter und gütiger Mann war, erlaubte er es. Da wurde auch der Eva und der Birgit langweilig. Wie diese Geschichte ausging, ist unschwer zu erraten: Der Lehrer setzte sich letzten Endes mit den letzten fünf Getreuen an einen Tisch und erklärte und erklärte. Er bemerkte bald, daß er in dieser Stunde für einige viel zu hoch angefangen hatte. Sie nahmen nun anderes Material und einfache Aufgaben her und arbeiteten erfolgreich daran, während die anderen selbständig im Mathematikbuch weiterarbeiteten.

Der „offene Frontalunterricht" war somit in der Klasse eingeführt.

Als Regeln dafür wurde ausgemacht:

- Der Lehrer sagt ausdrücklich am Beginn des Unterrichts, wenn er das Entfernen aus dem Frontalunterricht in dieser Stunde nicht will.
- Die Schüler, die nicht mehr beim Frontalunterricht mittun, dürfen die Arbeit des Frontalunterrichts nicht beeinträchtigen.
- Die Schüler, die selbständig arbeiten, müssen dies ohne Hilfe des Lehrers tun. Die Kontrolle und Bestätigung ihrer Arbeitsergebnisse durch den Lehrer kann in dieser Stunde nicht erfolgen.

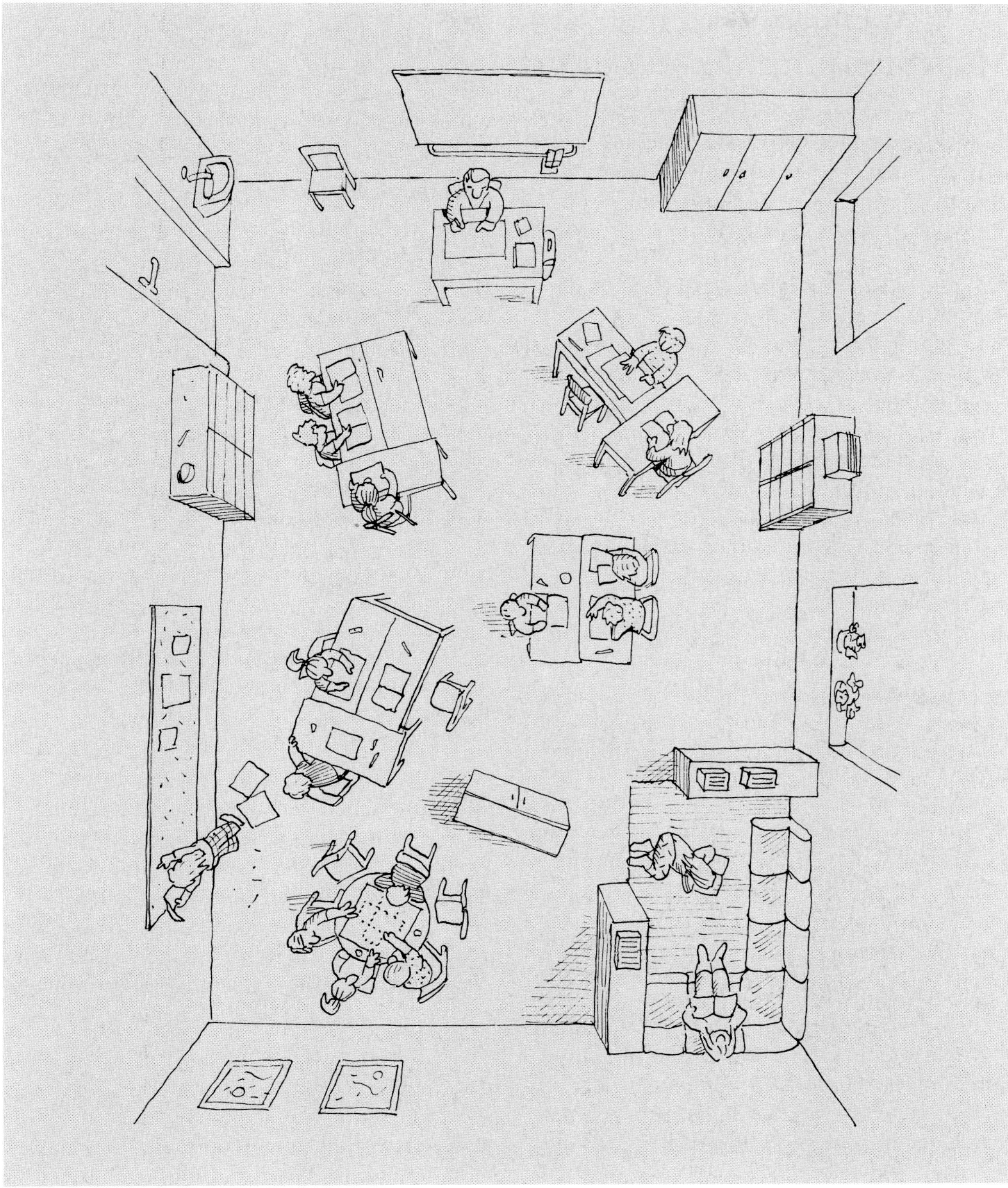

19. Erweiterung der Methoden und Materialien

In den vorangegangenen Kapiteln wurden bereits einige Methoden und Materialien, die dem offenen Lernen dienen können, eingeführt.

Das waren:

- Möglichkeiten für den Gesprächskreis
- Interaktionsspiele
- Leseübungen
- Leseecke, Lesepolster
- Lernteppich
- Klassenbücherei
- selbstgemachte Bücher
- Lexikon
- individuelle Rechtschreibkartei
- Memories, Dominos, Puzzles, Legeketten und andere Lernspiele
- Partnerspiele
- Gruppenarbeiten

Die Schreibmaschine

Schon in der ersten Klasse kann die Schreibmaschine von einzelnen Schülern benützt werden. Anfangs dient sie dem Experimentieren mit Buchstaben und Wörtern. Später wird sie gezielt zum Verfassen von Texten eingesetzt.

Durchschreibepapier

Am „Schreibmittelplatz“ liegen einige Durchschreibeblätter. Hier können von Schülern Arbeitsblätter in kleiner Auflage für Mitschüler hergestellt werden. Der Vorteil ist, daß bei dieser Art von Vervielfältigung ohne zeitlichen, technischen und finanziellen Aufwand vervielfältigt werden kann.

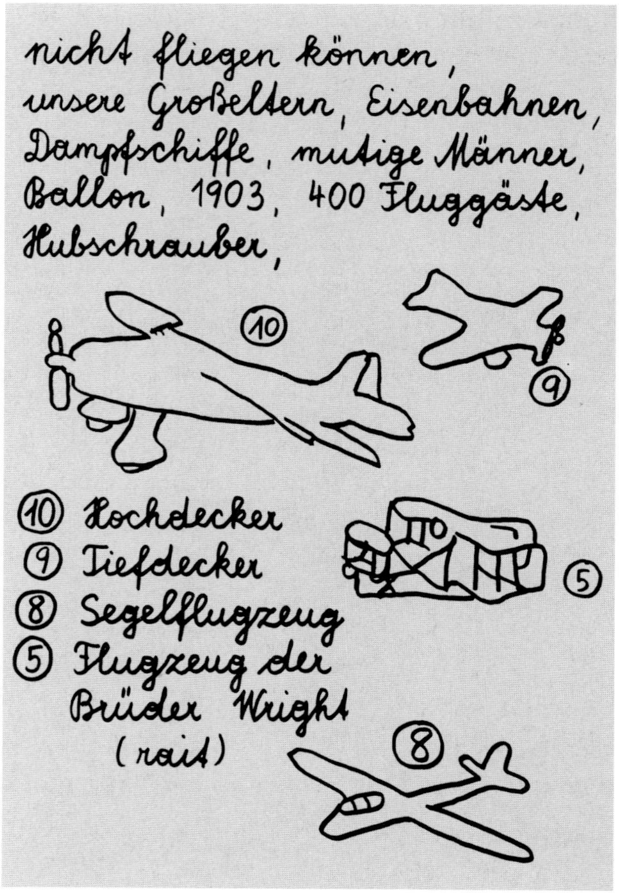

Overheadfolie gestalten

Jeder Schüler besitzt eine eigene Overheadfolie und einen wasserlöslichen Folienstift. Er kann in Anlehnung an den gelernten Stoff Referate vorbereiten und diese mit Hilfe der Folie illustrieren und veranschaulichen.
Beim fortgeschrittenen offenen Lernen wird der Schüler auch selbst erarbeitete Projekte mit Hilfe der Folie anderen Kindern präsentieren können. (Siehe obenstehendes Beispiel!)

Die Klassenpost

Ein Regal, eine Ablage oder ein Tisch in der Klasse sind das Postamt. Dort liegen bereit:

Stempel, Briefpapier, selbsthergestellte Kuverts, selbsthergestellte Marken, eine Pinnwand für Schüler, die ihre erhaltenen Poststücke ausstellen wollen. Das untenstehende Beispiel beschreibt die Handhabung des Klassenpostamts (VS 1, Kirchdorf).

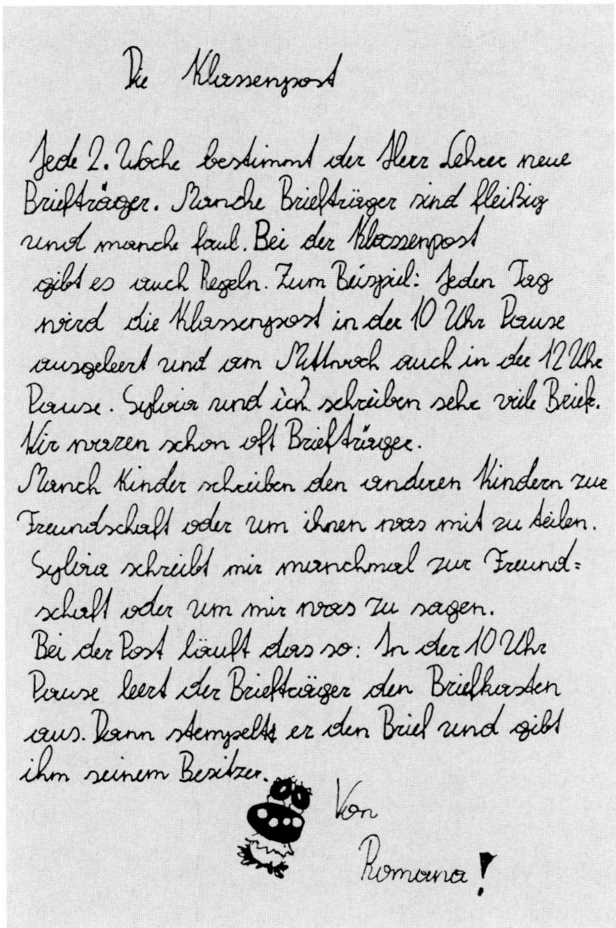

Die Klassenpost

Jede 2. Woche bestimmt der Herr Lehrer neue Briefträger. Manche Briefträger sind fleißig und manche faul. Bei der Klassenpost gibt es auch Regeln. Zum Beispiel: Jeden Tag wird die Klassenpost in der 10 Uhr Pause ausgeleert und am Mittwoch auch in der 12 Uhr Pause. Sylvia und ich schreiben sehr viele Briefe. Wir waren schon oft Briefträger.
Manch Kinder schreiben den anderen Kindern zur Freundschaft oder um ihnen was mit zu teilen. Sylvia schreibt mir manchmal zur Freund=schaft oder um mir was zu sagen.
Bei der Post läuft das so: In der 10 Uhr Pause leert der Briefträger den Briefkasten aus. Dann stempelts er den Brief und gibt ihm seinem Besitzer.

Von
Romana!

Spiritusumdrucker

Der Umgang mit diesem Gerät ist für Schüler nicht immer ganz problemlos. Eine „Einschulung“ für den einzelnen Schüler ist daher notwendig.
Vorteile: Durch die Anschaffung von Kopiergeräten stehen die Spiritusumdrucker häufig ungenutzt herum, und man kann sie für seine Klasse meist ohne große Probleme „in Besitz nehmen“ und in der Klasse an einem fixen Platz aufstellen.
Das Matrizenschreiben bedarf großer Sorgfalt, da Fehler nur sehr schwer korrigierbar sind. Die Schüler sind hier daher meist gerne bereit, eine Erst- und eine korrigierte Zweitschrift anzufertigen. Das Vervielfältigen selber stößt bei den Schülern auf große Begeisterung. Sie beobachten mit Freude, wie mit einer einfachen, eigenhändigen Kurbelbewegung die „wundersame Textvermehrung“ stattfindet.
Die Anwendungsbereiche sind unter anderem: selbsthergestellte Bücher, Schülerzeitungen, Schülerarbeitsblätter, Einladungen, . . .

Wandzeitung

Andere Schüler zu informieren oder ihnen Arbeitsergebnisse zu präsentieren, ist der Sinn der Wandzeitung. Auf der Wandzeitung können Verlautbarungen, Sachtexte oder Geschichten ausgehängt werden. Es können auch die einzelnen Seiten von späteren Schülerzeitungen vorgestellt werden. Besonders motivierend ist es, wenn die Wandzeitung an einer Anschlagtafel außerhalb der Klasse ihren Platz hat und von Schülern anderer Klassen gelesen werden kann.

Die Schulkorrespondenz

Texte, Klassenzeitungen, Briefe, bespielte Tonbänder mit eigenen Aufnahmen, Reportagen, Berichte, Bilder, Dias, Ausstellungsgegenstände usw. wandern per Post regelmäßig zu einer Partnerklasse in einem anderen Ort. Diese Postsendungen werden dort wiederum zum Inhalt des Lesens, Lernens, Zurückschreibens. Mit der Zeit hat jedes Kind einen persönlichen Briefpartner in der Partnerklasse.

Das Schwarze Brett

Es bietet Platz für Anregungen, Wünsche, Vorschläge für Aktivitäten, Probleme. Was am Schwarzen Brett angeschlagen wurde, kann wöchentlich im Gesprächskreis oder in der Kinderkonferenz besprochen werden.

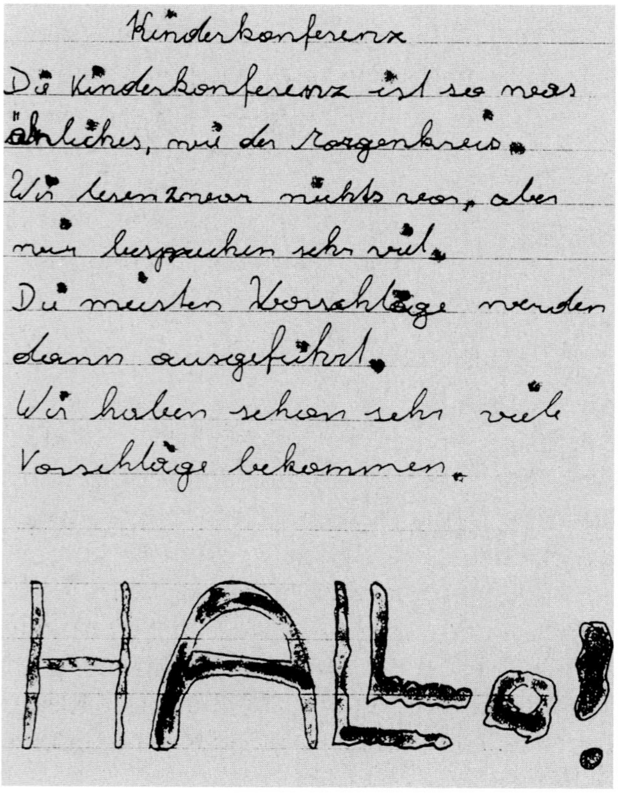

Die Schuldruckerei

Die Schuldruckerei vereint wichtige Prinzipien der Freinet-Pädagogik: Lesen- und Schreibenlernen in enger Verknüpfung mit handwerklicher Tätigkeit und Zusammenarbeit der Kinder an einem Projekt.
Es sind Schriften aus Blei-Zink-Antimon-Legierung erhältlich. Es kann auch unter mehreren Schrifttypen gewählt werden. Auch Pressen in verschiedener Ausführung und in verschiedener Größe sind erhältlich (DIN A3, DIN A4, DIN A5).

Prospekte und Preislisten (auch für Karteien und Lernspiele) sind erhältlich beim:

Materialvertrieb der Pädagogik-Kooperativen, Goebenstraße 8, 2800 Bremen, oder
in Österreich bei: Reinhard Bachmann, Freiarbeit/AOL, Hohe Wies 15, A-6845 Hohenems

DIN A3-Abziehnudel

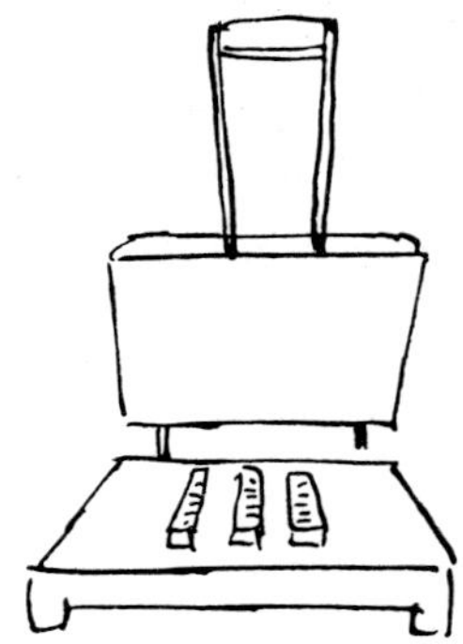

DIN A4-Klappflügelpresse

Der Limograph

Auf eine Wachsmatrize werden Texte und Strichzeichnungen mit Schreibmaschine oder Kugelschreiber geschrieben bzw. gezeichnet. Der Limograph ist ein einfach herstellbarer Druckrahmen, ähnlich einem Siebdruckgerät. Die Handhabung ist auch für Grundschüler einfach. Es ermöglicht eine preiswerte und ansprechende Vervielfältigung von Texten und Zeichnungen.

Im Materialvertrieb (siehe „Schuldruckerei") sind sowohl Einzelteile wie Limographenfarbe, Matrizen, Korrekturlack, die Broschüre „Der Limograph", als auch die komplette Limographenausrüstung (Preis ca. 800,– Schilling) erhältlich.

Stempelkasten

Buchstaben- und Zahlenstempel zur Gestaltung von Plakaten, Hefteinbänden, Überschriften, Titelseiten von Klassenzeitungen und selbstgemachten Büchern, zum Stempeln des eigenen Namens, . . .

Das Tagebuch

Die Klasse besitzt gemeinsam ein Tagebuch, das jeden Tag von einem anderen freiwilligen Schüler geführt werden soll. Im Gesprächskreis (z. B. Morgenkreis) wird die Tagebucheintragung vorgelesen.

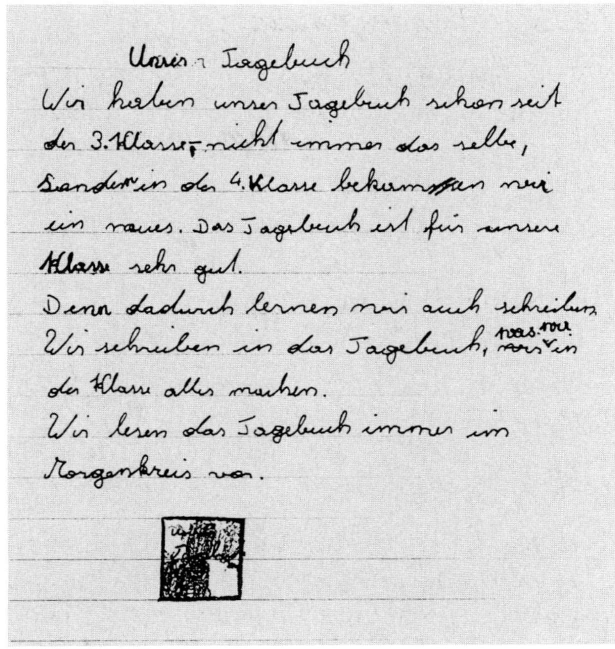

Unser Tagebuch

Wir haben unser Tagebuch schon seit der 3. Klasse, nicht immer das selbe, sondern in der 4. Klasse bekamen wir ein neues. Das Tagebuch ist für unsere Klasse sehr gut.

Denn dadurch lernen wir auch schreiben.

Wir schreiben in das Tagebuch, was wir in der Klasse alles machen.

Wir lesen das Tagebuch immer im Morgenkreis vor.

Ausstellungen

Thema: Urlaub

Jeder Schüler nimmt ein bis zwei Souvenirs aus dem Urlaub mit in die Schule. In der Ausstellungsecke der Klasse werden die Objekte vorteilhaft und ansprechend aufgelegt. Als Unterlage können schöne Tücher genommen werden, oder es werden aus Karton und Papier bunte Auflagen gestaltet. Behälter können bei Bedarf aus Papier gefaltet werden.

Eine Steckwand in der Ausstellungsecke dient zum Aufhängen von Illustrationen.

Die Exponate werden mit Kommentaren versehen.

Neben sachlichen Exponaten (z. B. Landkarte mit eingezeichneter Reiseroute) können auch witzige Beiträge Platz finden (z. B. die zertretene Sonnenbrille der Großmutter vom Strandurlaub in Lignano).

Thema: Postausstellung

Mögliche Exponate sind: Briefmarken, alte Postkarten, alte Telefone, verschiedene Kuverts, Telegramme, Postaufkleber, Postbücherl, Postplakate, Postautomodelle, Stempel, Briefe, erfundene Telefongespräche auf Tonband, erfundene Briefe, ...

Thema: Hobbyausstellung

Bei dieser Ausstellung ist es von Vorteil, wenn die Schüler für Anfragen zur Verfügung stehen oder etwas vorzeigen können: etwas vorzaubern, etwas zusammenbauen, ein Spiel erklären. Einzelne Schüler können zu ihrem Hobby auch einen „Kurs" anbieten.

Thema: Eisenbahn

Mögliche Exponate: Fahrpläne, alte und neue Fahrkarten, Streckenpläne, Modelleisenbahnteile, Uniformteile, Bildmaterialien von Dampflokomotiven und Pferdeeisenbahnen, technische Modelle (Legotechnik, Dampfmaschine), Reiseberichte, ...

Lernkarteien

In den Stunden des offenen Lernens suchen sich die Schüler eine Karteikarte, die entweder ihrem momentanen Interesse entspricht oder die zum soeben bearbeiteten Projekt (Thema) paßt. Die Karteikarten sind für die „Hand des Schülers" gemacht, das heißt, üblicherweise braucht der Schüler die Hilfe eines Erwachsenen nicht dazu. Häufig stehen die Antworten oder Lösungshilfen auf der Rückseite der Karte.

Arten von Karteien, die im Handel erhältlich sind:

- Lesekarteien
- Rechtschreibkarteien
- Aufsatzkarteien
- Fachkarteien (z. B. Pflanzenkartei, Indianerkartei, ...)
- Grammatikkarteien
- Mathematikkarteien

u. a. m.

Weitere Möglichkeiten:

- Zerschnipseln von ausgedienten Schulbüchern; die Teile auf Karton kleben und mit Folie überziehen, numerieren und in eine Box geben. Vorteil: Die vom Lehrer selber hergestellte Kartei ist meist „klassenbezogen".
- Zu den aktuellen Themen des Tages täglich Karteikarten herstellen (durch Schüler herstellen lassen). So entsteht eine „Wiederholungskartei".

Jetzt mit 2 Landkarten(A1)!!

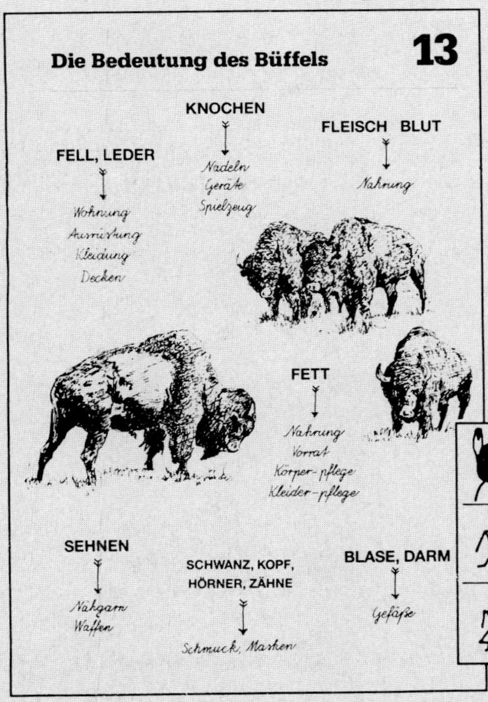

Indianerkartei

2. Aufl.1989

Kölner Lehrergruppe, Albert Weiler und Matthias Heinrichs

Aufzuklären, ohne zum Spielverderber zu werden, ist besonders schwierig, wenn es um Indianer geht. Das Buch von Ursula Wölfel:" Fliegender Stern" (Ravensburg) kann dabei eine große Hilfe sein, es erzählt die Geschichte der Indianer aus der Perspektive eines kleinen Jungen. Weil das Buch bei den SchülerInnen so gut ankam, hat eine Kölner Lehrergruppe als Ergänzung diese Kartei erstellt, sie enthält 15 Arbeitsblätter, 17 Infokarten, 12 Karten zur Indianerschrift und eine LehrerInneninformation.
Die Indianerkartei ist für die 3.-6. Klasse gedacht, in den unteren Klassen müssen allerdings einige Karten gemeinsam erarbeitet werden. Die Karten sind schwarzweiß auf dünnem Karton und zumeist in vereinfachter Ausgangsschrift.

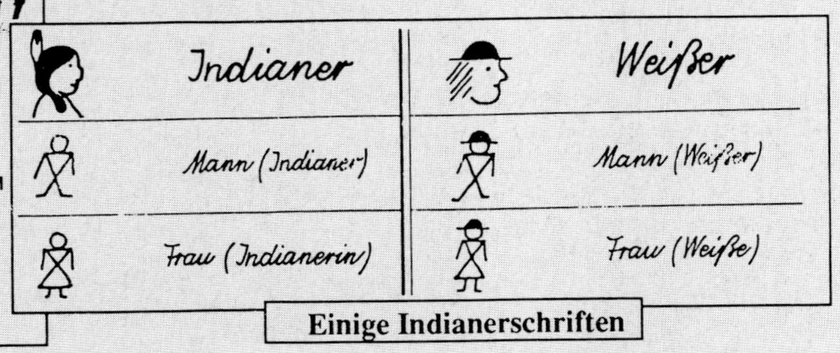

Erhältlich bei: Materialvertrieb der Pädagogik-Kooperativen, Goebenstr. 8, 2800 Bremen 1
Materialvertrieb in Österreich: Reinhard Bachmann, Freiarbeit/AOL, Hohe Wies 15, A-6845 Hohenems

Mathe im Alltag

übersetzt und überarbeitet von der Lernwerkstatt der TU Berlin

Französische Freinet-LehrerInnen und ihre Klassen schildern auf diesen Karten Alltagssituationen von Kindern, in denen Mathematik weiterhilft. Viele solcher Situationen werden auch in unseren Klassen besprochen, sobald wir einen Morgenkreis einrichten, in dem die Kinder Wichtiges aus ihrem Leben einbringen können - doch oft sind wir als LehrerInnen noch gar nicht flexibel und aufmerksam genug, um die "alltägliche Mathematik" wahrzunehmen.

Vielleicht kann diese Kartei uns auch helfen, uns von unserer Fixierung auf Lehrgangsmäßiges und die entsprechenden Pakete von Arbeitsbögen zu lösen und uns auf mehr Lebensnähe des Unterrichts einzulassen.

5o Karteikarten Din-A-5 und 5o Antwortkarten mit jeweils mehreren Lösungswegen.

Geeignet für das 2/3. Schuljahr

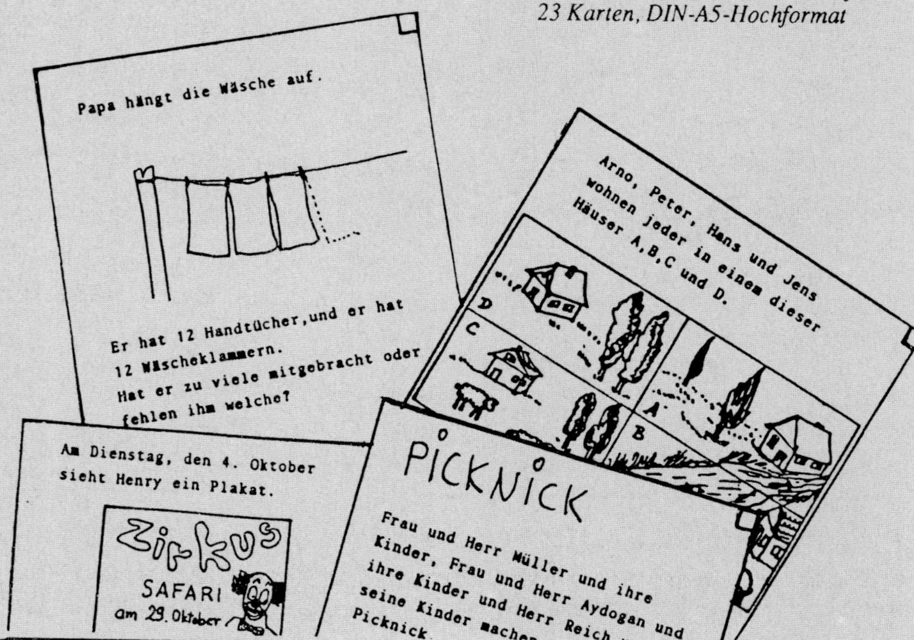

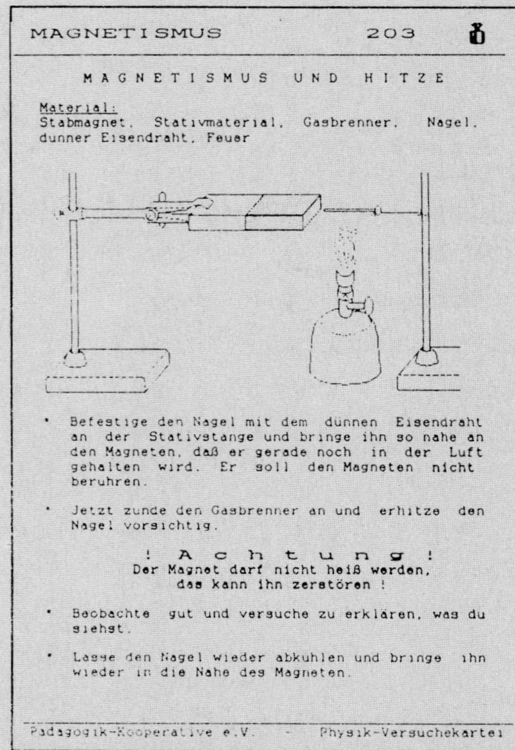

MAGNETISMUS 203

MAGNETISMUS UND HITZE

Material:
Stabmagnet, Stativmaterial, Gasbrenner, Nagel, dunner Eisendraht, Feuer

- Befestige den Nagel mit dem dünnen Eisendraht an der Stativstange und bringe ihn so nahe an den Magneten, daß er gerade noch in der Luft gehalten wird. Er soll den Magneten nicht beruhren.
- Jetzt zunde den Gasbrenner an und erhitze den Nagel vorsichtig.

! Achtung !
Der Magnet darf nicht heiß werden, das kann ihn zerstören !

- Beobachte gut und versuche zu erklären, was du siehst.
- Lasse den Nagel wieder abkuhlen und bringe ihn wieder in die Nähe des Magneten.

Pädagogik-Kooperative e.V. - Physik-Versuchekartei

Versuchekartei
Reinhold Venzl-Schubert, Frankfurt
23 Karten, DIN-A5-Hochformat

Das freie Texten

Das freie Texten kann seinen Platz in der gelenkten Aufsatzstunde für einzelne Schüler haben. Der Nachteil dabei ist, wie bei allen zeitlich gebundenen Aufsatzstunden, daß sich der Schüler ausgerechnet dann einen Text einfallen lassen soll, wenn ihm vielleicht gerade nichts einfällt.

Allerdings kann in einer Übergangsphase zum offenen Lernen das freie Texten gemeinsam vorbereitet werden. Jeder Schüler darf sich ein Thema auswählen. Als Impuls können die Aufsatzkartei, Naturmaterialien, der Blick aus dem Fenster, eine Phantasiereise, ein Foto, ein Musikstück, eine Geschichte u. a. m. dienen. Wesentlich ist, daß diese Impulsmöglichkeiten den Schülern bekannt sind.

In Klassen, in denen das offene Lernen bereits fortgeschritten ist, hat der Schüler die Möglichkeit zum Texten, wann immer ihn dazu gelüstet. Er schreibt spontan Erlebnisse, schreibt Beiträge für die Klassenzeitung, für das Tagebuch, für ein selbstgemachtes Buch, eine Notiz für das „Schwarze Brett", einen Brief für die Schulkorrespondenz oder für die Klassenpost, eine Geschichte für die Wandzeitung oder eine Karteikarte für die Lesekartei. Die Schreibanlässe und ihre Verwertung sind in Klassen mit offenem Lernen vielfältig.

Es besteht für den Lehrer auch die Möglichkeit, eine „Aufsatztechnikkartei" aufzubauen. Hier können Schüler z. B. herauslesen, welche Kriterien bei der Verfassung eines Berichts zu beachten sind. Möglicherweise hat jeder Schüler den Auftrag, mindestens zehn solcher Aufsatztechnik-Karteikarten im Laufe des Schuljahres zu bearbeiten.

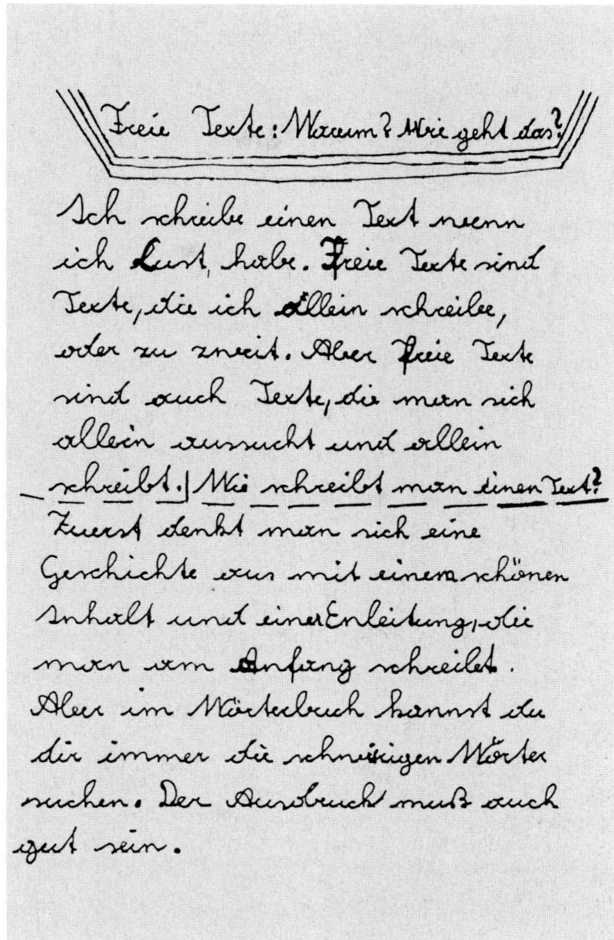

Freie Texte: Warum? Wie geht das?

Ich schreibe einen Text wenn ich Lust habe. Freie Texte sind Texte, die ich allein schreibe, oder zu zweit. Aber freie Texte sind auch Texte, die man sich allein aussucht und allein schreibt. Wie schreibt man einen Text? Zuerst denkt man sich eine Geschichte aus mit einem schönen Inhalt und einer Einleitung, die man am Anfang schreibt. Aber im Wörterbuch kannst du dir immer die schwierigen Wörter suchen. Der Ausdruck muß auch gut sein.

Arbeitsateliers

Damit bei längerdauernden Arbeiten das Material nicht weggeräumt werden muß, ist es günstig, wenn für bestimmte Arbeiten fixe Plätze vorgesehen sind:

Schreibatelier, Rechenatelier, Leseecke, Umwelt- und Experimentierecke, Druckerei, usw. Nachdem jedoch in vielen Klassenräumen dazu der nötige Platz fehlt, kann man sich damit behelfen, daß zumindest zwei Gruppentische vorhanden sind, um die sich Regale gruppieren. Jedes Regal dient der Ablage von Materialien aus einem bestimmten Bereich.

Unsere Klassenkasse

Jede Woche müssen wir 2 S in die Klassenkasse einzahlen, und bei der Liste eintragen.
Wenn ein Kind 3 Wochen nicht eingezahlt hat, zahlt er auch einen Schuldenschilling.
Wenn die Klassenkasse voll ist, gehen die Klassenkassiere ausleren.
Jetzt muß ich euch sagen, daß unsere Klassenkassiere Kinder sind, die achtgeben, daß kein Kind mogelt, bei dem Eintragen!
Wir bekommen jede 2. Woche 2 neue Klassenkassiere.
Die Klassenkasse ist wichtig für Exkursionen die Landschulwoche,
Schlupfeste Lehrausgänge wichtig
Wir brauchten sie auch für's Futter für unseren Hamster.
Aber unser Hamster ist vor 2 oder 3 Monaten gestorben.
Auch das Gasthaus braucht Geld von unserer Klassenkasse, denn wenn sie weniger einnehmen als sie ausgeben, bekommen sie Geld von der Klassenkasse.

Von
Willi
Markus

Unsere Umweltecke

In der Umweltecke steht ein selbst=gemachter Tisch, den wir in der 3. Klasse gemacht haben. Dann gibt es noch ein Bücherregal und ein Regal, in dem stehen viele verschiedene Sachen, Zum Beispiel: ein Wespennest, tote Insekten und Käfer, Lupen, ein Vogelnest, Baumschwämme, und Moos. In einem anderen Teil der Umweltecke steht ein Erdfenster, in dem wir eine Eichel und eine Nuß eingepflanzt haben.
Im großen und ganzen ist unsere Umwelt=ecke SUPER!

20. Elternabend

Soweit wir unsere bisherigen Schritte auf dem Weg zum offenen Lernen ohne große Hast, verteilt auf viele Wochen, in einzelnen Stunden des offenen Lernens teilweise im gelenkten Unterricht, getan haben, mußte kein großes Aufheben um diese Schritte gemacht werden. Schließlich handelte es sich nicht um Änderungen, die nach außen hin – außerhalb des Klassenzimmers – stark sichtbar sind. Es handelte sich mehr oder weniger um den zusätzlichen Einbau von Unterrichtsmitteln und um die zusätzliche Einführung von Unterrichtsmethoden, die selbstverständlich den Lehrplananforderungen entsprechen.
Sobald jedoch Eltern in die Arbeit miteinbezogen werden oder zusätzliche finanzielle Mittel

oder Mobiliar benötigt wird, ist es an der Zeit, die Eltern über das offene Lernen ausführlich zu informieren, um Mißstimmungen, Mißverständnisse, falsche Gerüchte und „Sabotage" zu vermeiden. Ein zu früh angesetzter Elternabend, an welchem der Lehrer noch über keine positiven und erfolgreichen Schritte berichten kann, könnte zur Folge haben, daß sich die Eltern gegen die Einführung neuer Methoden wehren könnten, was rechtlich zwar nichts fruchten würde, aber welcher kooperative Lehrer hat Lust gegen die Eltern zu arbeiten?

Viele der bisherigen Schritte sind den Eltern ohnehin in ihrer eigenen Schulzeit auch in kleinen Portionen gelegentlich geboten worden und sind ihnen deshalb bekannt. Was den Eltern nicht bekannt ist, ist die Verbindung all dieser offenen Elemente zu einem harmonischen Ganzen. Dieses harmonische Ganze weist nun täglich mehr als eine Stunde offenen Lernens auf, eine Stunde, die sich der Schüler selber nach einem Plan gestaltet. Diese Form des offenen Lernens ist die Wochenplanarbeit.

Dies ist etwas, was für die Eltern etwas wirklich Neues bedeutet. Es wird bei einigen Eltern auf Skepsis, bei einigen auf den Wunsch nach Informationen stoßen.

Ich finde diese Anliegen verständlich. Ich finde es verständlich, wenn sich Eltern Sorgen darüber machen, ob ihr Kind gut lesen, schreiben und rechnen lernt. Sie selber haben es ja auch gelernt, und sie haben Vertrauen in die Methode, mit der sie es gelernt haben. Sie wissen: Das Lernen im üblichen Unterricht war nicht immer leicht, interessant und lustig, manchmal sogar verdammt schwierig, frustrierend und langweilig, aber „Es ist aus mir etwas geworden."

Die Angst vor einer unbekannten Methode, von der man nicht genau weiß, ob sie erfolgreich ist oder ob sie überhaupt jene Erfolge anstrebt, die man für sein Kind als erstrebenswert hält, ist natürlich. „Man hört doch so oft von Chaoten, von Antiautoritären, von Schulversuchen, Modellen u. dgl." Ziel dieses Elternabends kann es sein, den Eltern zu erklären, daß die geplante „Wochenplanarbeit" kein Schulversuch ist, sondern daß diese Form des Unterrichts rechtmäßig im Lehrplan verankert ist und deshalb keiner besonderen Genehmigung bedarf.

Offenes Lernen hat nicht direkt etwas mit autoritärem oder antiautoritärem Erziehungsstil zu tun. Offenes Lernen ist in erster Linie Unterrichtsmethode, Lernmethode, Arbeitsmethode. Die Erziehungsziele, die beim offenen Lernen erreicht werden können, sind durchaus nicht Ziele von Chaoten.

Es gilt also, beim Elternabend unzutreffende Befürchtungen auszuräumen und die Unterrichts- und Erziehungsziele des offenen Lernens mit den Zielen des Elternhauses zu vergleichen.

Vorschläge für den Elternabend

- Vermeiden Sie wenn möglich Fachausdrücke und verwenden Sie Vokabular aus dem herkömmlichen Unterricht!
- Betonen Sie, daß die Einführung der Wochenplanarbeit keine gravierenden Änderungen gegenüber den bisherigen Schritten zum offenen Lernen bedeutet!
- Vergessen Sie nicht, die positiven Wirkungen ihres Vorhabens bezüglich Selbstdisziplin, Ordnung, Arbeitseifer, Leistung, Kameradschaftlichkeit, Selbständigkeit und dgl. zu erwähnen!

- Zählen Sie die Vorteile für die einzelnen Schüler auf: Förderung Schwacher, eingehen auf Verhaltensauffällige, Förderung von Begabten, bewältigen von Konflikten!
- Überzeugen Sie die Eltern davon, daß Sie als Lehrer planvoll vorgehen, daß Sie die Übersicht haben, daß Sie wissen, was Sie wollen (so wie Sie es bei den bisherigen Schritten gewußt haben)!
- Streichen Sie die Vorteile und Erfolge Ihres bisherigen, schrittweisen Vorgehens heraus. Erzählen Sie von konkreten Erfolgen einzelner Schüler!
- Stellen Sie gelungene Schülerarbeiten vor!
- Lassen Sie Eltern zu Wort kommen, denen in den letzten Wochen Positives aufgefallen ist!
- Treten Sie mit skeptischen Eltern nicht in eine Diskussion ein, um keine Fronten zu schaffen und zu verhärten, sondern seien Sie ein guter Zuhörer und versuchen Sie Ängsten und Bedenken auf den Grund zu gehen! Lassen Sie dabei soviel wie möglich auch andere Eltern dazu Stellung nehmen!
- Lassen Sie sich nicht auf Vergleiche mit anderen Lehrern oder Schulklassen ein! Sie selber erfüllen den Lehrplan. Ihre Arbeit ist nur mit den Anforderungen des Lehrplans in Vergleich zu ziehen!
- Falls Sie neue Hausübungsformen oder Regelungen vorhaben, besprechen Sie diese!
- Ergründen Sie, wieweit die Hilfe Ihrer Klasseneltern möglich ist, bezüglich weiterer Beschaffung von Klassenmobiliar, Büchern, Lernspielen, usw.!
- Zeigen Sie den Eltern, wie Sie mit den diversen Unterrichtsmitteln arbeiten lassen!
- Verabreden Sie einen Tag der offenen Tür!
- Klären Sie, wieweit Noten, Tests, Ansagen, Schularbeiten und Zeugnis für die Eltern und für Sie Bedeutung haben und wieweit diese sich in das offene Lernen einfügen lassen!
- Machen Sie sich bewußt, daß ab nun Ihre Kritik am einzelnen Schüler von den Eltern auf das offene Lernen zurückgeführt werden kann!
- Nehmen Sie Stellungnahmen Ihrer Schüler zum Unterricht der vergangenen Wochen auf Tonband auf, und spielen Sie diese Interviews den Eltern vor!
- Vereinbaren Sie regelmäßige Elterntreffen!

21. Die Wochenplanarbeit

Was ist Wochenplanarbeit?

Wochenplanarbeit kennt jeder Lehrer, nicht aber der Schüler. Man setzt sich meist am Ende der Schulwoche hin, schreibt (gelegentlich recht lustlos) ins Klassenbuch ein, was in dieser Woche gearbeitet wurde, wirft nun einen Blick in die ungeliebte Jahresplanung, merkt, daß man mit seiner Klasse weit hinter dem Plan zurückhinkt, nimmt sich vor, den Unterricht nun „straffer durchzuziehen", schaut in die Schulbücher, stellt fest, daß von der vorigen Wochenplanung noch einiges unerledigt geblieben ist, kritisiert, daß der Schulbuchautor viel zuviel Stoff angeboten hat (der rechnet wohl mit lauter Musterschülern), oder sieht, daß im anderen Gegenstand das Angebot im Schulbuch eher dürftig ist, sodaß man noch viel Zusätzliches vorbereiten muß, merkt, daß das in der Jahresplanung vorgesehene Thema „Winterwetter" keineswegs zu den grünen Wiesen und den plus drei Grad Celsius paßt. Laut Jahresplanung müßte man das Bestimmen von Satzgliedern durchnehmen, obwohl das Sätzebilden bei einigen Kindern noch nicht einmal klappt. Wo soll man nun so schnell Prospekte von Wintersportorten herbekommen, und das Schulthermometer ist auch kaputt!

Man klappt das Klassenbuch zu, legt den Wochenplan vorläufig unausgefüllt unter den Stapel unverbesserter Hefte und kommt zu dem Schluß, daß das Wochenende eigentlich von Freitag bis Montag morgens dauert und nicht alles bereits am Freitag zu Mittag erledigt werden müsse.

Irgendwann im Laufe des verregneten Wochenendes gelingt es, in das altbewährte Formular einzutragen, was man in welcher Stunde der Woche mit seinen Schülern zu erledigen gedenke. Hoffentlich fällt nichts aus, hoffentlich sind nicht zu viele Kinder krank, hoffentlich verzetteln wir uns nicht bei irgendeinem Problem! Wenn die Kinder nur besser aufpassen würden, könnte man viel besser weiterkommen!

Ich darf mich eben im Unterricht nicht so verzetteln. Wo und wie kann ich nur Zeit sparen, damit ich mit dem Wochenplan durchkomme? Was kann ich tun, damit die Schüler die Durchführung meines Plans nicht so verzögern?

22. Den Schülern die Wochenplanarbeit erklären

1. *Der Lehrer hängt einen Tagesplan auf.* Auf diesem Tagesplan sind in den einzelnen Stunden Teilziele und Unterrichtsmittel sichtbar. Am Morgen erklärt der Lehrer den Tagesplan. In der letzten Stunde wird das Tagesplanplakat durchbesprochen. Man spricht darüber, was leicht und was schwierig, was interessant, lustig oder langweilig war. Man hakt ab, was geschafft wurde. Dies geschieht mehrere Tage hintereinander. Die Schüler gewöhnen sich daran, schon am Morgen nachzuschauen, was heute los sein wird. Manche richten von selber die benötigten Arbeitsmittel her.

2. *Der Lehrer gibt jedem einzelnen Schüler eine Kopie seiner Tagesvorbereitung.* Die Schüler haken für sich ab, was die Klasse gemeinsam erledigt hat. Soweit Stunden mit offenen Elementen (z. B. „Freie Aufgabenreihung) dabei sind, ist das Abhaken von Schüler zu Schüler unterschiedlich. Ist die Aufgabenstellung besonders frei gestaltet, schreibt der Schüler in das fast leere Feld des Tagesplans noch ergänzende Bemerkungen.

3. *Der Lehrer hängt am Ende des Vortages schon das Plakat für den nächsten Tag auf.* Die Schüler bekommen den Auftrag, einen Unterrichtsbeitrag für eines der morgigen Vorhaben als Hausübung vorzubereiten.

4. *In der nächsten Woche hängt der Lehrer schon ein vollständiges Wochenplanplakat, das einem etwas ausführlicheren Stundenplan ähnelt, auf.* Die Schüler bekommen somit eine Übersicht über die geplanten Vorhaben der Woche. An jedem Tag wird gemeinsam am Plakat notiert, was geschafft oder weggelassen wurde. Man bespricht, was mit den unerledigten Dingen geschieht. Manche Dinge kann man wirklich vollständig weglassen. Andere Dinge werden in der gottseidank eingeplanten Reservestunde nachgeholt. Eine Reservestunde, in die der Lehrer noch nichts eingetragen hat, bleibt noch leer. Vielleicht können wir uns dafür gemeinsam etwas einfallen lassen.

5. *Der Lehrer zeigt den Kindern die Stundentafel.* Viele Schüler haben bisher vielleicht geglaubt, daß die Lehrer von einer Minute auf die andere entscheiden, was in der Schule gerade getan werden soll. Andere haben vielleicht geglaubt, daß der Lehrer alles genau im Kopf hat, was in welcher Reihenfolge und zu welchem Zeitpunkt zu erledigen sei. Vielleicht haben einige gedacht, alles sei haargenau vorgeschrieben, – oder befiehlt vielleicht die Frau Direktor, was der Lehrer den Kindern beizubringen hat?
Anhand der Stundentafel erkennen die Schüler: Es liegt nicht an der Unsportlichkeit des Lehrers, daß nur drei Turnstunden pro Woche gehalten werden. Die Schüler sehen, daß es Probleme für die Planung aufwirft, wenn ein Schultag entfällt.

6. *Der Lehrer zeigt den Schülern den Lehrplan:* Mit großem Interesse lauschen die Schüler einigen Lehrplanzitaten, die sich auf die Lehrinhalte dieser oder der vergangenen Woche beziehen. „Lesen Sie uns bitte vor, was im Lehrplan zu dem steht, was wir nächste Woche tun." Und die Schüler warten mit konkreten Ideen auf, wie man das im Unterricht verwirklichen könnte.

23. Die Schüler an der Wochenplanung beteiligen

Wenn das Verständnis und das Interesse der Schüler für die Planungsarbeit geweckt ist, ist es so weit: Die Schüler arbeiteten ab nun mit mir gemeinsam an der Wochenplanung mit dem Ziel, selber daran interessiert zu sein, das Geplante auch zu erreichen. Untenstehend ein Beispiel vorbereitender Planungsarbeit. Die Schüler der dritten Klasse bearbeiteten alleine, zu zweit oder in Gruppen das Arbeitsblatt. Es diente mir als Grundlage, einen vorerst nur teilweise offenen Wochenplan für die Schüler zu erstellen.

Wochenthema "Wasser"

1. Welche Wörter fallen Euch zu diesem Thema ein?

   Pflanzen, Bach, Seen, Flüsse, abwaschen, baden, Limonade, Meer, Strohhalm, Badezeug, verdursten

2. Schreibt Stichwörter über besonders wissenswerte Bereiche auf!

   Wassertiere, Algen, Verschmutzung, Maßstab, Donausagen, Flußlänge

3. Schreibt nun auf, was Ihr besonders gerne zu diesem Thema tun und wissen würdet! Wie? Womit? Wo?
   Du kannst hier auch Fragen aufschreiben.

   Man könnte von naheliegenden Gewässern Wasserproben vergleichen. Versuche um Wasser zu reinigen. Bäche und Hochwasserbehälter anschauen. Flußpuzzle malen. Die Namen verschiedener Gewässer richtig schreiben lernen.

24. Der teilweise gelenkte Wochenplan

Aufgrund der Schülervorschläge am Freitag erstellt der Lehrer den Wochenplan. Bei dem unten angegebenen Beispiel erhält jeder Schüler ein Formular, in welches er die acht leeren Felder mit den acht Ausschneidekärtchen nach individuell geplanter freier Reihenfolge einklebt. Er kann sich dazu in der Planungsstunde am Montag mit Mitschülern absprechen, um Teile davon zur gleichen Zeit mit seinem Partner oder in der Gruppe zu erledigen.

MONTAG	DIENSTAG	MITTWOCH	DONNERSTAG	FREITAG
Wir teilen unsere Arbeit ein Wochenplan, Gesprächskreis		Gesprächskreis Offener Frontalunt.	Gesprächskreis Offener Frontalunt.	
Vom Wasser Gewässer, Fluß, die Krems (SU)				Turnen
Das Vierersyst. (M)	(REL)	Turnen	Angebot von Walter: Wasser versickert (Versuche)	
Wortfamilie „fließen" Bach-Bäche a-ä Einzahl-Mehrz. (D)	Schwimmstunde		(REL)	Gesprächskreis Zusammenfassung Planung f. nä. Woche
Wasserrad aus Holz (WE)	(ENGL)	/	/	/
(WE)	(ME)	/	/	/

Angebot: Fischerspiel, a-ä-Memory, Versuche mit Wasser (Versuchsecke)
Fachbücher: „Lebensräume", „Am Froschteich", „Uli und die Umwelt"

Kommt erst in der nächsten Woche dran:

- Vorbereitung des Wandertages zum Krems-Ursprung.
- Wassermengen berechnen (Hohlmaße)
- Fische
- Naturschutzzeitung schreiben
- Seeräuberschiff malen
- Versuche mit Wasser
- Rechnungen mit der Wassertemperatur
- Flüsse im Bezirk
- Baderegeln

Wir rechnen mit Talern Vierersystem (M)	Rechengeschichten (M)
Vom Wasser (SU) Gewässer, Teile des Flusses, Wasser-Leben	Lebensräume (SU) Wasser - Wald Wassertiere - Vögel
Bach-Bäche (D/S) a-ä au-äu Einzahl-Mehrzahl	Lesen (D/L) Kleines Volk Was kann das sein? Froschgeschichte (Lh)
Quelle - Qu qu (D/Sch)	Wasser, Wellen (BE) Schriftmalerei

25. Verschiedene Formen des Wochenplans

Die Aufgaben-Checkliste

Um das vorhin angeführte Beispiel mit der Aufgaben-Checkliste vergleichen zu können, zeige ich das gleiche Vorhaben anhand dieser Liste:

	1 Vierer-system (M)	2 Rechen gesch. (M)	3 Wasser (SU)	4 a-ä au-äu (D/S)	5 Qu/qu (D/Sch)	6 Kl. Volk Froschg. (D/L)	7 Wasser, Wellen (BE)	8 Lebens-räume (SU)
Gerhard	✳		✓	✳		✗		
Martin	✓	✳	✗	✳	✳			
Eva		✳	✗	✓		✳		✓
Pamela	✓	✳			✳	✗		
Susanne	✳	✳	✳		✗			✗

Zu jedem der acht Bereiche gibt es eine Materialschachtel, in der sich Arbeitsaufträge, Arbeitsblätter oder Materialien zum jeweiligen Bereich befinden.

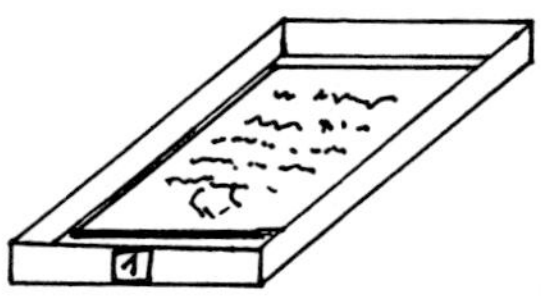

Wenn der Schüler eine Arbeit beginnt, zeichnet er einen ✓ ein. Wenn der Schüler mit der Arbeit fertig ist, macht er aus dem Haken ein ✗.
Wenn der Lehrer die Arbeit kontrolliert hat, macht er aus dem ✳ einen .
Dieses System bietet dem Schüler und dem Lehrer Übersicht über die Arbeit. Wenn ein Schüler Probleme mit einer bestimmten Arbeit hat, kann er aufgrund der Checkliste feststellen, wer soeben ebenfalls an diesem Bereich arbeitet oder wer sich zum Erklären anbietet, weil er schon fertig ist und schon ein Kreuzchen bei dieser Aufgabe stehen hat.

Im Rahmen der inneren Differenzierung müssen manche Schüler von bestimmten Aufgaben befreit werden. Ihnen muß statt einiger dieser Bereiche Material mit einem anderen Schwierigkeitsgrad (schwieriger oder leichter) zur Verfügung gestellt werden. Im Rahmen des offenen Lernens hat der Lehrer durch das selbständige Arbeiten der meisten Schüler Zeit für die spezielle Beschäftigung mit einzelnen.

Die individuelle Aufgaben-Checkliste

WOCHENPLAN 23. WOCHE Name: Georg		geplanter Tag	angefangen	fertig	kontrolliert	Anmerkungen
Wir rechnen mit Talern im Vierersystem	Rb. S76 Abl. 1 Münzen	Di	/	/	/	
Vom Wasser Gewässer, Teile des Flusses, Wasser-Leben	Abl. 2 Lexikon SU-Heft	Do				
Bach-Bäche a-ä au-äu Einzahl-Mehrzahl	Spb. S72 Schr.-Kartei 21, 22	Di	/	/	/	
Quelle: Qu, qu Schreibübung	Plakat Tafel Schr.-Heft	Mi	/	/		
Rechengeschichten mit Wasser	Rb. S79 R-Kartei ?	Mi	/			
Lebensräume Wasser oder Wald Tiere und Pflanzen	?	Do				
Lesen Kleines Volk (frei) Froschgeschichte	? Lb. S37	Fr				
Wasser Wellen Schriftmalerei	Filzstifte BE-Kartei 25	Fr				
Angebot						
Zusätzliches						

26. Der offene Arbeitsplan

Die Schüler wissen bei dieser sehr fortgeschrittenen Form des offenen Lernens, welche Unterrichtsstunden in der Regel dem Gesprächskreis, der Planung, der Zusammenfassung und dem gelenkten Unterricht dienen. Der gelenkte Unterricht beschränkt sich hier auf etwa zwei Deutschstunden, eine Mathematikstunde, eine Sachunterrichtsstunde und die Stunden, die von einer anderen Lehrkraft unterrichtet werden (z. B.: Religion).

Soweit das Raumangebot ohne Ausweichräume gegeben ist, muß Werken und Musik für alle gleichzeitig stattfinden, da es sonst Probleme mit der Lärmbelästigung geben könnte. Allerdings läßt sich dieser Unterricht in zumindest nur teilweise gelenkter Form organisieren.

Der offene Arbeitsplan wird von den Schülern dann verwendet, wenn sie nicht gezwungen sind, ihre Planung auf nur eine Woche zu beschränken. Der offene Arbeitsplan ist also kein Wochenplan, sondern ein Plan, der sich beispielsweise auf zehn Tage oder auf zwei Wochen beziehen kann. Er bedingt große Reife der Schüler bezüglich ihrer Selbständigkeit und Eigenverantwortlichkeit. Nicht alle Schüler können ohne Unterstützung des Lehrers damit arbeiten.

Die Arbeit damit erfordert auch eine gute Ausrüstung der Klasse mit Karteien, Lernspielen, Sachunterrichtsmaterialien, Arbeitsateliers, Schreib- und Vervielfältigungsgeräten, Mathematikmaterialien und einer umfangreichen Bibliothek.

In Phasen, in welchen gemeinsam an einem Projekt (Thema) gearbeitet wird, muß zu einer anderen Form der Planung und Koordinierung gefunden werden.

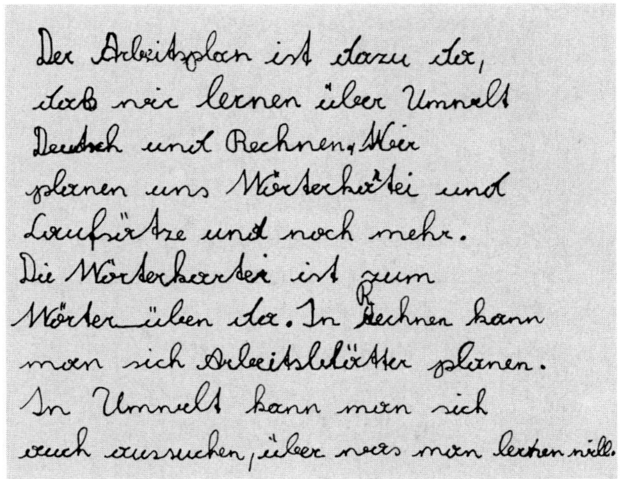

Der Arbeitsplan ist dazu da,
daß wir lernen über Umwelt
Deutsch und Rechnen. Wir
planen uns Wörterkärtei und
Laufsätze und noch mehr.
Die Wörterkartei ist zum
Wörter üben da. In Rechnen kann
man sich Arbeitsblätter planen.
In Umwelt kann man sich
auch aussuchen, über was man lernen will.

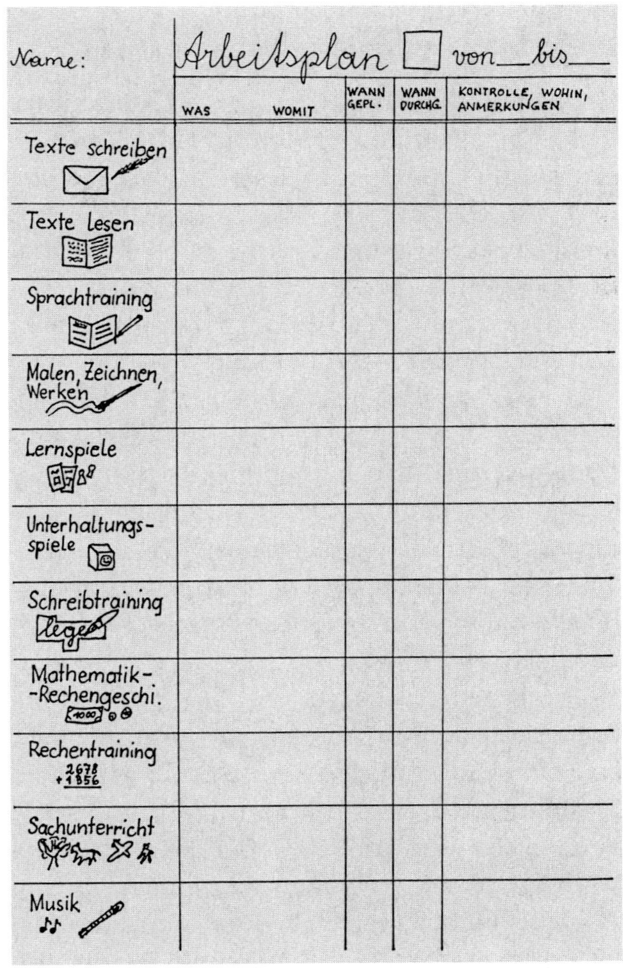

Name:	Arbeitsplan □ von__ bis__				
	WAS	WOMIT	WANN GEPL.	WANN DURCHG.	KONTROLLE, WOHIN, ANMERKUNGEN
Texte schreiben					
Texte lesen					
Sprachtraining					
Malen, Zeichnen, Werken					
Lernspiele					
Unterhaltungsspiele					
Schreibtraining					
Mathematik-Rechengeschi.					
Rechentraining					
Sachunterricht					
Musik					

Beispiel eines offenen Arbeitsplanes

27. Klassenübergreifendes Lernen

Da sollte sich noch einer auskennen! In der ersten Stunde war Esther in der vierten Klasse, die zweite Stunde verbrachte sie in der dritten und in der nächsten Stunde war sie wieder in der vierten. Aber nicht nur sie wechselte die Klasse. Es gab ein Kommen und Gehen zwischen der dritten und der vierten Klasse.

Ein Blick in die Vierte zeigte:
Hier gibt es das Thema „Wiese".
Ein Blick in die Dritte zeigte:
Hier gibt es das Thema „Wald".

Bei genauerem Hinsehen ließ sich feststellen, daß immer ein Viertklaßler einem Drittklaßler „Partnerunterricht" zum Thema „Wiese" gab und die Drittklaßler versuchten, den Viertklaßlern beizubringen, was sie selber zum Thema „Wald" in der Vorwoche vorbereitet hatten. Sie haben sich beim Vorbereiten in der vorigen Woche sehr bemüht, denn es war eine geplante und abgesprochene Sache, daß in dieser Woche der Wissensaustausch stattfinden sollte. Man wollte es für die Kinder der anderen Klasse auch besonders schön machen. Man hatte Folien geschrieben, Lernspiele zum Thema gebaut, man hatte Arbeitsblätter entworfen und ein Quiz zusammengestellt.
Besonders freute man sich auf die vierte Stunde: Hier gab es einen „Wissensmarkt". Die eine Hälfte der Schüler bot verschiedene Projekte an, und man konnte mittun, in welcher Ecke und bei welcher Gruppe man wollte. Gottseidank hatten die Schüler schon alle viel Erfahrung mit dem selbständigen Arbeiten und mit disziplinierter Gruppenarbeit.

In der nächsten Woche durften sich die beiden Klassen zu bestimmten Stunden nach Interessensgruppen zusammenmischen.
Es stand das Projekt „Auf hoher See" und das Projekt „Hoch in den Lüften" wahlweise zum Angebot.
Mehrmals im Jahr hatten sich die beiden Klassen auf solche gemeinsame Projekte geeinigt.

Weitere Möglichkeiten des klassenübergreifenden Lernens: Austausch von Schülerzeitungen und selbsthergestellten Büchern, altersübergreifende Helfersysteme, Interessensgruppen in den musischen Fächern, Austausch von Lernspielen, füreinander Theater spielen, den Kindern der anderen Klasse Spiele beibringen.

28. Die offene Pause

Beim offenen Lernen gerät die allgemeine Pausenordnung ganz schön durcheinander. Das soll aber nicht heißen, daß nun die „Pausenunordnung" um sich greift. Die Pausenordnung entspricht nun lediglich der Arbeitsordnung der Klasse.
Das heißt: mehr Selbständigkeit, Individualität, unterschiedliche Qualität und Quantität. Nachdem die Schüler an unterschiedlichen

Dingen arbeiten und die Ermüdung unterschiedlich ist, werden auch zwischendurch unterschiedlich lange oder kurze Pausen eingelegt.
Das offizielle Läuten zur Pause wird im Arbeitseifer nicht von allen Schülern registriert. Auf die Toilette geht man ohnehin dann, wenn man muß und nicht dann, wenn man darf.
Für die große Pause – auch Jausenpause genannt – habe ich jedoch folgenden Vorschlag: Die Erholung, die Unterhaltung haben zu dieser Zeit Vorrang vor der Arbeit. Wer in der Pause arbeiten will, darf sich nicht über den Lärm der anderen beschweren. Nach dem Läuten ist es umgekehrt. Nun hat wieder die Arbeit Vorrang.
Manche Kinder haben in der Pause mit einem Gesellschaftsspiel begonnen. Sie sollen nicht sogleich beim Läuten damit aufhören müssen. Es gibt die Regel: Die Viertelstunde nach dem Läuten dient dem Fertigwerden mit der Pausenbeschäftigung und dem Arbeitsbeginn. Soweit gelenkter Unterricht vorgesehen ist, wird in diesen 15 Minuten alles dafür vorbereitet.
Auch in Klassen, in denen hauptsächlich gelenkter Unterricht stattfindet, beginnt das Lernen nicht immer gleich nach dem Läuten. Der Unterschied zur offenen Pause besteht in der klaren Abmachung. Die Schüler, die nach dem Läuten noch fertigspielen wollen, können dies ohne Nervosität tun. Man kann auch seine Jause ohne Hast und unverstohlen fertigessen.
In Klassen mit offenem Lernen befindet sich genügend Spielmaterial zur Pausengestaltung. Für die besonders Bewegungsbedürftigen ist mit buntem Klebeband ein „Tempelhüpfschema“ aufgeklebt, die Ruhebedürftigen lädt die Leseecke ein.

Offenes Lernen für verhaltensauffällige Schüler

Viele Lehrer sind aufgrund der zunehmenden Verhaltensauffälligkeiten von Schülern ratlos. Was können sie für die Kinder tun, deren problematisches Verhalten ihren Ursprung in der Familie hat? Was tun, wenn die familiäre Situation einfach nicht zu ändern ist?
Der Lehrer hat wenig Einfluß auf das Geschehen außerhalb der Schule. Also heißt die Devise: Dem Schüler in der Schule hilfreich sein. Dem Schüler in der Schule Bedingungen liefern, in denen er sich ändern kann.
Nicht jede Schulsituation ist geeignet, Verhalten positiv zu beeinflussen. Viele Schulsituationen wirken stressend, frustrierend, konfliktfördernd oder unterdrückend.
Viele Lehrer wenden daher bewußt Entspannungsübungen an, planen soziales Rollenspiel, üben in vorgeplanten Stunden das Lösen von Konflikten, machen Interaktionsübungen usw. Allerdings werden diese Übungen meist nur sporadisch eingesetzt und finden meist nicht dann statt, wenn es für den einzelnen gerade wichtig wäre. Schließlich ist es für den Lehrer unmöglich, ständig den Überblick über alle seelischen und sozialen

Prozesse zu haben. Hier könnte der Lehrer das „Selbstregulierungspotential“ der Schüler nützen. Viele Konflikte werden von den Schülern selber positiv gelöst, wenn man es nur gleich zuläßt und die Aggressionen nicht aufgespart werden. Sobald ein Konflikt eskaliert, hat der Lehrer beim offenen Lernen die Möglichkeit, bei der Konfliktlösung zu helfen, ohne daß gleich der gesamte Unterricht zum Erliegen kommt, da die unbeteiligten Schüler selbständig weiterarbeiten.

Aggressivität

Aggressivität wird durch zu weite oder zu enge Grenzen gefördert. Zu autoritäres Verhalten des Lehrers oder auch teilnahmsloses Verhalten des Lehrers entsprechen nicht den Erwartungen und Bedürfnissen des Kindes und wirken frustrierend und aggressionsfördernd.
Das offene Lernen versucht den diesbezüglichen Interessen des Kindes zu entsprechen. Es gibt Regeln und Grenzen:

Gesprächsregeln, gemeinsame Beratungen und Abmachungen, Arbeitspläne, Kontrollmechanismen, eine klare Ordnung im Klassenzimmer, in den Regalen und bei den individuellen Arbeitsmaterialien.

Die Regeln sind klar und übersichtlich. Sie werden nicht vom Lehrer willkürlich eingesetzt und auch nicht willkürlich angewendet. Dort, wo Aggressivität durch Imitation von schlechten Vorbildern entstanden ist, kann das geduldige Verhalten des Lehrers im offenen Lernen positiven Einfluß auf das Kind haben. Auch die wettbewerbsfreie und hilfsbereite Beziehung der Schüler zueinander sorgt dafür, daß Schüler einander ein positives Beispiel geben.

Im offenen Lernen werden vom Schüler zwar auch Fehler gemacht, die Fehler werden dort auch berichtigt, aber nicht als Schmach, Schande oder strafbarer Tatbestand hingestellt. Jede Blamage des Schülers wird vermieden. Der Lehrer schützt den einzelnen Schüler vor peinlichen Vergleichen. Der Lehrer hat viel Zeit für den einzelnen Schüler und kann ihm von vornherein enttäuschende Fehlleistungen ersparen helfen. Dadurch wird Frustration und somit Aggressivität vermieden.

Aggressivität kann auch durch schlechte äußere Bedingungen in der Klasse begünstigt werden: langes, beengtes Sitzen, Bewegungsarmut, unfreundliche Klassenraumgestaltung usw. Die Klassenraumgestaltung beim offenen Lernen sowie die Freiheit der Schüler bei der Platzwahl steuern dem entgegen.

Hyperaktivität

Für hyperaktive Kinder schafft vor allem die Bewegungsarmut beim gelenkten Unterricht und die lang dauernde einseitige Sitzordnung Probleme. Sie werden unter diesen Umständen zu Unruhestiftern. Ihr nichterfüllter Drang nach körperlicher Abwechslung bringt häufig aggressives Verhalten mit sich. Hyperaktive Kinder haben auch oft Probleme mit der Regulierung und der Aufnahme von Umweltreizen.

Großer Lärm (z. B. lautes Vortragen) oder aber auch anhaltende totale Stille machen hyperaktive Kinder zusätzlich unruhig. Sie haben das Bedürfnis, sich häufig optisch und akustisch abzuschirmen. Dies geschieht beim offenen Lernen in den verschiedenen Arbeitsecken. Im offenen Lernen wirkt der Bewegungsdrang des hyperaktiven Kindes nicht mehr so störend. Es fällt nicht mehr so auf, und es lenkt daher die anderen nicht von der Arbeit ab, wenn ein Kind ständig wackelt, geht, schaukelt oder rutscht. Es wird hier nicht ständig zurechtgewiesen, ist nicht in der Rolle des „schlimmen Kindes". Falls seine Unruhe trotzdem gelegentlich stört, hat der Lehrer die Möglichkeit, den Schüler unauffällig „einzubremsen" oder noch besser, ihn am Gang eine Runde laufen zu lassen. Beim offenen Lernen versäumt der Schüler nichts vom Unterricht, da er nach seinem individuellen Arbeitsplan arbeitet.

Der bei hyperaktiven Kindern häufig zu beobachtende gestörte Arbeitsrhythmus, der sich in einem ständigen Wechsel von Trödelei und hastigem Arbeiten äußert, wirkt sich beim offenen Lernen nicht negativ auf die anderen Schüler aus. Mit Hyperaktivität gehen auch oft psychomotorische Störungen einher, die sich in schlechtem Schriftbild und in Wahrnehmungsstörungen äußern können.

Den Ermüdungsphasen, unter denen hyperaktive Kinder häufig leiden, kann das offene Lernen mit seinen Plätzen zum Ausruhen und zum Zurückziehen begegnen. Nach einiger Zeit der Ruhe beginnen diese Kinder meist wieder problemlos zu arbeiten.

Kontaktstörungen

Ich sehe es nicht als erstrebenswertes Ziel an, alle Kinder gleichmäßig kontaktfreudig zu machen.
Ich kann es akzeptieren, daß es Kinder gibt, die sich selten zu Wort melden und solche, die sich eher in den Mittelpunkt drängen. Wichtig ist für mich, daß diese Kinder nicht unter ihrem Verhalten zu sehr leiden, bzw. ihre Mitschüler durch ihr Verhalten zu sehr einschränken. Das offene Lernen gibt dem Kind die Möglichkeit, seine Kontakte weitgehend selber zu steuern. Er wählt zwischen Einzel-, Partner- oder Gruppenarbeit, ist in der Gruppe entweder Mitläufer oder Führer, wird dort von den anderen Kindern zu mehr Mitarbeit oder zu mehr Zurückhaltung ermuntert. So kann das schüchterne Kind behutsam Erfahrungen mit anderen Kindern sammeln, so wird das dominante Kind ebenfalls mit der Zeit lernen, sich gelegentlich zurückzuhalten.
Im Gesprächskreis wird das Äußern von Meinungen ermöglicht und provoziert, Interaktionsspiele sorgen für spielerischen ungezwungenen Kontakt, bringen die Schüler einander näher. Kinder, die auffallend distanzlos sind, bekommen körperliche Nähe, erfahren aber auch die Notwendigkeit von Distanz in bestimmten Situationen.
Eine besonders wichtige Funktion hat die Klassenkorrespondenz. Für manche Kinder ist es leichter, sich schriftlich mitzuteilen: im freien Text, an der Wandzeitung, im Brief. Das Vorlesen von selber verfaßten, schriftlichen Äußerungen kann den Übergang zur freien verbalen Äußerung bilden.
Dort, wo ein Kind trotzdem lieber ohne viel Kontakt mit den Mitschülern auskommt, hat der Lehrer in den Phasen des offenen Lernens die Möglichkeit, sich dem Kind vermehrt zu

widmen, ohne sich dabei aufzudrängen. Der Gesprächskreis vermittelt: Auch wenn du zurückhaltend bist, du gehörst zu uns, wir akzeptieren dich.

Lernunlust

Wenn ein Kind nicht lernen will, kann das vielfältige Gründe haben. Häufig sind es Mißerfolgserlebnisse, oft ist es nicht das Lernen selber, sondern sind es Begleiterscheinungen des Lernens, die auf Ablehnung stoßen:
Anstrengung (Überanstrengung), Ordnungs- und Übersichtsprobleme, ständig herumkommandiert zu werden, ständig mit zu vielen Menschen in einem Raum beisammen zu sein, Angst vor Tadel, Strafe, Blamage, Fehlern, Loslösungsprobleme vom Elternhaus oder geistige Überforderung.
Die Auswirkungen dieser Begleiterscheinungen versucht das offene Lernen zu minimieren. Durch individuellen Arbeitsrhythmus (individuelle Arbeitspläne und Pausen) wird Überanstrengung vermieden. Die gute Gliederung der Klasseneinrichtung, die übersichtliche Ordnung der Lernmaterialien und der übersichtliche Arbeitsplan erleichtern den Kindern die Orientierung und fördern das aktive Teilhaben an einer Ordnung. Lernhindernisse, die durch Chaos entstehen könnten, fallen hier weg.
Offenes Lernen hat nichts mit antiautoritärem Erziehungsstil zu tun. Der Lehrer gibt selbstverständlich auch Anweisungen, die von den Kindern sofort befolgt werden müssen. Dies betrifft vor allem Anweisungen, die sich auf die Vermeidung von Verletzungen von Kindern oder auf die Verhinderung der Zerstörung von Materialien beziehen. Der Lehrer kann auch auf die Einhaltung gemeinsam erarbeiteter Regeln bestehen. Insgesamt vermindert sich jedoch die Anzahl der „Kommandos“ im offenen Lernen gegenüber dem gelenkten Lernen beträchtlich.
Lernen mit dem Lehrer als Helfer und Berater macht einfach mehr Spaß als mit einem „Kommandanten“. Die Erfahrung zeigt: Es gibt dadurch weniger Lernunlust, mehr Arbeitsfreude, mehr gute Arbeitsergebnisse.
Manche Kinder lieben es, lange Zeit unter vielen Menschen zu sein. Viele Kinder sind jedoch davon überfordert. Schule und Lernen bedeutet für sie somit: unangenehmer Trubel, Massenbetrieb. Das offene Lernen versucht durch die individuelle Platzwahl, individuelle Pausen und Arbeitsecken, dieses Problem zu mildern. Manche Lehrer versuchen Wettbewerb, Leistungstabellen, Leistungsvergleiche und Schulnoten als Druckmittel oder, wie es manche nennen, als Mittel zur Leistungsmotivation einzusetzen. Ich glaube jedoch, daß der leistungsstarke Schüler dann wirklich leistungsstark ist, wenn er gelernt hat, ohne Vergleich mit den Leistungen anderer viel und gut zu arbeiten.
Während der leistungsstarke Schüler von ständigem öffentlichem Lob eher unabhängig werden sollte, so sollte beim schwächeren Schüler öffentliche Blamage vermieden werden. Im übrigen sind die Aktivitäten der Schüler beim offenen Lernen so unterschiedlich, daß ein direkter Vergleich der Schüler untereinander gottseidank selten möglich ist. Das erfordert vom Lehrer selbstverständlich ein Überdenken seiner Notengebung.
Je toleranter der Erziehungsstil des Lehrers ist, umso mehr kann er den unterschiedlichen Erziehungsstilen der diversen Elternhäuser gerecht werden. Es wird auch weniger zu Lernunlust beim Schüler aufgrund zu unterschiedlicher Erziehungsstile zwischen Elternhaus und Schule kommen.

Durch innere Differenzierung und die freie Aufgabenwahl kann geistige Überforderung des Schülers vermieden werden. Er macht die Arbeiten, die er ausgesucht hat, gut. Wo das Aussuchen Schwierigkeiten bedeutet, erfolgt es mit Hilfe des Lehrers.
Insgesamt ist es ein Ziel des offenen Lernens, die Lernfreude zu stärken. Lernfreude ist wichtiger als Stoffmenge, Lehrbuch oder Ehrgeiz des Lehrers. Offenes Lernen will beim schwachen Schüler den Wissensdurst erhalten. Lernen darf nichts mit Angst zu tun haben, Lernen soll heißen: Ich habe mich mit etwas beschäftigt, was mich bereichert hat. Der Lehrer hat es in der Hand, durch sein Verhalten und durch seine Unterrichtsorganisation einen wichtigen Teil dazu beizutragen, daß der Schüler nach der Schulzeit (und auch während der Schulzeit) nicht auf Bildung „pfeift".

Erfahrungen von Lehrern mit Problemschülern

Beispiel 1

Die Klassengemeinschaft ist verbesserungswürdig

Eine Lehrerin hatte vor, erstmals gezielt Elemente des offenen Lernens in ihrer Klasse einzusetzen. „Ich habe heuer besonders viele unkonzentrierte, hyperaktive und aggressive Kinder in meiner Klasse. Ich habe das Gefühl, daß die Klassengemeinschaft verbesserungswürdig ist. Ich bemühe mich sehr, den Unterricht interessant zu gestalten, aber ich habe das Gefühl, daß ein großer Teil meiner Schüler keine Lust zum Lernen hat.
Vom offenen Lernen erwarte ich mir eine Besserung dieses Zustandes:

- mehr Arbeitsdisziplin
- besser miteinander umgehen
- diszipliniertes Arbeiten ohne Druck
- mehr Motivation
- Flexibilität der Kinder mir gegenüber
- erhöhte Selbständigkeit der Kinder

Meine Befürchtungen gegenüber dem offenen Lernen sind:

- eine lange Einführungsphase
- einige Umstellungsschwierigkeiten als Lehrer
- Mängel in der Organisation
- Rückfälle in den Frontalunterricht
- Schüler könnten die Freiheit negativ ausnützen."

In kleinen Schritten führte die Lehrerin Elemente des offenen Lernens ein:

Morgenkreis, freie Aufgabenreihung, freie Schwerpunktwahl, teilweise gelenkte Gruppenarbeit, freies Lesen, Spiele als Zusatzangebote, Einführung von Gesprächsregeln.

Die Lehrerin schilderte nach einigen Monaten die Situation von vier schwierigen Kindern bei der Umstellung ihres Unterrichts und zog nachher noch Bilanz über die Situation der gesamten Klasse.

Brigitte wird abgelehnt

Brigitte wurde vorher von einem großen Teil der Klasse abgelehnt. Sie zeigte großes Geltungsbedürfnis, kommandierte mit den anderen Schülern herum, wollte ständig im Mittelpunkt stehen und störte durch ihre Konflikte den Unterricht.

Beim offenen Lernen änderte sich manches für Brigitte: Sie zeigte bei selbständigen Arbeiten großen Eifer und Ehrgeiz. Sie arbeitete an manchen Dingen zu Hause freiwillig weiter. Die vereinbarten Gesprächsregeln nahm sie besonders ernst, und bei Gruppenarbeiten versuchte sie anfangs, die Gruppe zu führen, wurde jedoch bald von der Gruppe „zurechtgestutzt“.

Gerald ist hyperaktiv und wild

Gerald fiel durch seine körperliche Unruhe, durch seine Konzentrationsschwierigkeiten und seine Wildheit auf. Er ging einfach allen – der Lehrerin und den Mitschülern – auf die Nerven. Anfangs hatte er große Schwierigkeiten, sich auf das offene Lernen einzustellen. Er hielt sich schlecht an die Gesprächsregeln, konnte schwer alleine und selbständig arbeiten. So durfte er sich beim offenen Lernen immer einen Helfer suchen. Bald jedoch fiel Gerald durch besonders großen Eifer auch beim alleinigen und selbständigen Arbeiten auf. Er wurde im Gegensatz zu früheren Schularbeiten mit seinem Arbeitspensum fertig. Er war nun meist einer der ersten, die ihr Arbeitsmaterial bereitlegten. Gerald entwickelte sich von einem Schwätzer zu einem ruhig und zielstrebig arbeitenden Schüler. Die Lehrerin vermutet, daß die klare Arbeitsorganisation und das zielgerichtete Arbeiten ihn anspornten. Gerald zeigte großen Ehrgeiz, seine Ziele zu erreichen. Bei der Gruppenarbeit wollte Gerald anfangs öfter den Gruppenleiter spielen, was allerdings von seinen Mitschülern nicht akzeptiert wurde, da sie ihm nicht viel zutrauten.

Markus ist sehr langsam

Markus war sehr langsam bei der Arbeit, unkonzentriert, unselbständig und in sich gekehrt. Beim offenen Lernen brauchte er zwar viel Zeit für seine selbständigen Arbeiten, doch er wollte trotz großer Mühe alleine mit seinem Arbeitsplan zurechtkommen. Bei Gruppenarbeiten hatte Markus Schwierigkeiten. Er reagierte aggressiv, wenn er von den anderen Gruppenmitgliedern angetrieben wurde. Bei der Alleinarbeit arbeitete Markus bedächtig, langsam, aber fehlerfrei. Hier wirkte sich beim offenen Lernen besonders günstig aus, daß ihm niemand dreinredete. Beim offenen Lernen war Markus kein störender Schüler mehr, der die Arbeit der anderen bremste.

Sabine ist herrschsüchtig

Sabine war gegenüber ihren Mitschülern herrschsüchtig und aggressiv. Sie unterdrückte schwächere Schüler. Beim offenen Lernen schätzte sie das individuelle Arbeitstempo. Sie arbeitete ruhig dahin und hatte den Ehrgeiz, geplante Arbeiten zu erledigen. Bei Gruppenarbeiten hatte sie größere Anpassungsschwierigkeiten. Es dauerte immer eine Zeitlang, bis sie sich einfügte. Die Lehrerin fand diesen Lernprozeß für Sabine wichtig.

Ergebnis zu Beispiel 1

Beim offenen Lernen werden Mängel offenbar

...sagte die Lehrerin von Brigitte, Gerald, Markus und Sabine nach einigen Monaten des offenen Lernens. Man kommt beim offenen Lernen auf so manches drauf, was im gelenkten Unterricht verborgen geblieben war und man kann nun daran arbeiten. Die Schüler sagten schon nach einer Woche des offenen Lernens: „Das ist so locker, das ist super." Es war für mich angenehm zu beobachten, wie Lernunlust in Begeisterung umschwenkte. Etwas Neues ist für mich, daß die Schüler stolz sind, etwas erledigt zu haben, sie sagen sich: „Ich habe das mir selber gesteckte Ziel erreicht." Und ich als Lehrer habe nun nicht mehr das Gefühl, meine Vorbereitung nicht „durchgebracht" zu haben. Ich sehe mich jetzt viel weniger als Instruktor und Kontrollor, sondern als Helfer. Die Schüler haben zu mir gesagt: „Es ist super, daß jetzt nicht immer nur Sie reden." Jeder Tag, an dem wir offenes Lernen machen, hat etwas mit einem Neubeginn zu tun. Die Arbeit in der Schule ist ein Spiegel des Lebens außerhalb der Schule. Man muß sich ein anderes Menschenbild schaffen, um offenes Lernen machen zu können. Für mich als ältere Lehrerin ist das gar nicht so leicht. Erst jetzt komme ich auf die vielfältigsten Interessen meiner Schüler drauf. Die Schülerbeziehungen werden beim offenen Lernen vielfältiger, was einen positiven Einfluß auf das Klassenklima hat.

Beispiel 2

Ich will nicht so im Mittelpunkt des Unterrichts stehen

...sagte ein Lehrer einer dritten Volksschulklasse.

„Es soll nicht nur von mir abhängig sein, ob die Schüler etwas lernen oder nicht. Die Schüler wissen oft gar nicht, wozu sie etwas tun. Ich erwarte mir vom offenen Lernen, daß die Schüler einander weniger kritisieren und ausspotten, sondern daß sie einander helfen. Beim offenen Lernen könnten mich persönliche organisatorische Mängel in Schwierigkeiten bringen. Ich muß eben auch erst selber lernen, mit Wochenplanarbeit umzugehen. Ich glaube aber nicht, daß ich täglich offenes Lernen machen kann. Ich werde mich danach richten, welche Themen dazu geeignet sind."

Das offene Lernen sollte besonders den drei schwierigsten Kindern seiner Klasse, nämlich Franzi, Martin und Cornelia zugute kommen.

Franzi schlägt zu

Franzi war ein wilder Bursche. Er verwendete Kraftausdrücke, schlug gleich zu und beschimpfte die anderen Kinder. Er leistete nur dort viel, wo sein Interesse groß war. Der Lehrer erhoffte sich, daß Franzi nun beim offenen Lernen lernen könnte, mit anderen Kindern zu arbeiten und seine Begabung auch öfter in der Einzelarbeit einzusetzen.

Franzis Verhalten beim offenen Lernen versetzte seinen Lehrer in Erstaunen. Er hatte nicht erwartet, daß Franzi so positiv auf das neue Lernen reagieren würde. Franzi arbeitete in der Alleinarbeit mit großem Eifer. Er teilte sich seine Arbeit gut ein. Zu Konflikten kam es nun weit seltener als im gelenkten Unterricht. Bei Gruppenarbeiten wollte ihn anfangs niemand dabeihaben. Allerdings bewährte er sich als hilfreicher Mitarbeiter. Der Lehrer konnte beobachten, daß Franzi bald in einer stabilen Dreiergruppe arbeitete.

Martin läßt sich leicht ablenken

Martin war ein sehr konzentrationsschwacher Schüler. Er ließ sich leicht ablenken. Ständig brauchte er jemanden, der ihn bei der Arbeit antrieb. Im Unterricht störte er durch Blödeleien. Mit seinen Mitschülern hatte er oft Streit.
Beim offenen Lernen war Martin anfangs besonders in der Einzelarbeit recht fleißig. Schwierigkeiten gab es bei kooperativen Arbeiten: Gruppenarbeit, Partnerarbeit. Hier beteiligte sich Martin entweder überhaupt nicht, oder er geriet in Streit. Wenn er auf die Gruppenmitglieder beleidigt war, störte er, indem er blödelte. Bei Arbeiten zu zweit hingegen benahm er sich rechthaberisch. Der Lehrer stellte fest, daß sich für Martin erst herausstellen mußte, mit wem er gut arbeiten konnte: „Dazu ist das offene Lernen eben auch da, um herauszufinden, wo die Möglichkeiten zur Zusammenarbeit liegen."

Susi befolgt Arbeitsanweisungen nicht

Susi hatte Schwierigkeiten mit allgemeinen Arbeitsanweisungen im gelenkten Unterricht. Sie brauchte häufig die Hilfe des Lehrers. Sie litt unter Kontaktarmut. Ihre Reaktion darauf war Wichtigtuerei, die ihr wiederum keine Freunde schaffte. Als der Lehrer Elemente des offenen Lernens einführte, stellte sich heraus, daß Susi beim alleinigen Arbeiten auffallend selbständig im Vergleich zu sonst war. Bei Gruppenarbeiten hielt sie sich im Hintergrund, tat aber mit. Für Partnerarbeiten hatte sie sich bald eine fixe, ruhige Partnerin gesucht, auf deren langsames Arbeitstempo sie sich gut einstellen konnte.

Ergebnis zu Beispiel 2

Anfangs war mein Angebot zu umfangreich

... erinnert sich der Lehrer einer dritten Klasse. „Manche Schüler wollten alles erledigen, statt auszuwählen, was zu Selbstüberforderung führte. Anfangs hatten wir Probleme mit dem Arbeitslärm. Ein Vorteil war, daß ich den Schülern im Lese- und Zeichenunterricht und bei manchen Spielen schon große Freiheiten gegönnt hatte. Anfangs mußte ich stark darauf achten, daß bei gebundenen Aufträgen die Anweisungen klar und einfach genug waren, um einen reibungslosen Ablauf zu gewährleisten. Besonders gerne arbeiteten wir mit der Rechtschreibkartei.

Beispiel 3

Ich möchte mit den Schülern besser umgehen

Der Lehrer einer vierten Klasse war damit unzufrieden, daß er so viel mit seinen Kindern schimpfte, sie bestrafte, – kurz – ohne viel Druck nicht auskommen konnte. „In meiner Klasse gibt es einige verhaltensauffällige Schüler. Vielleicht bekomme ich beim offenen Lernen mehr Aufschluß über sie, oder vielleicht kommt es dann zu weniger Konflikten. Ich erwarte auch, daß uns dann die Arbeit wieder mehr freut – mich eingeschlossen. Allerdings fürchte ich, daß die Einführung des offenen Lernens einen zu großen Arbeitsaufwand bedeutet. Hoffentlich kann ich den Einstieg in diese Arbeitsweise durchhalten."

Peters Spontaneität stört

Peter konnte ein ausgezeichneter Mitarbeiter sein. Doch seine Mitarbeit bezog sich nur auf Unterrichtsphasen, die ihn besonders interessierten. Bei Desinteresse murrte Peter, er störte oder schaltete vollkommen ab. Auf Kritik reagierte er beleidigt. Manchmal, wenn sein Interesse sehr groß war, reagierte er sehr überschwenglich, ungeduldig und so, daß den anderen Schülern zu wenig Raum blieb. Als schließlich das offene Lernen eingeführt wurde, dauerte es fast drei Monate, bis der Lehrer von einem positiven Einfluß dieser Arbeitsweise auf Peter sprechen konnte. Anfangs nützte Peter die Bewegungsfreiheit zu weit aus, indem er oft Ausflüge mit Störaktionen zu anderen Schülern unternahm. Im offenen Lernen fehlte ihm allerdings das zahlreiche Publikum, das er beim gelenkten Unterricht während seiner Störaktionen hatte. Vorerst konnte er sich beim offenen Lernen damit nicht abfinden. Er versuchte extremen Krach zu machen, um die Aufmerksamkeit möglichst vieler Mitschüler auf sich zu lenken. Der Lehrer kam nun zu der Erkenntnis, daß nicht Unterforderung und Desinteresse der Grund des störenden Verhaltens Peters gewesen waren, sondern daß Peter einfach im Mittelpunkt stehen oder Kontakte knüpfen wollte. In der gelenkten Partnerarbeit sekkierte Peter seinen Partner auch dann, wenn er sich diesen selber ausgesucht hatte.

Beim offenen Lernen blieben zwar viele Störungen aufrecht, doch hatte der Lehrer die Möglichkeit, öfter persönlich darauf einzugehen, unter vier Augen mit Peter die Probleme zu besprechen, die in der Lehrer-Schüler-Beziehung durch das Verhalten Peters entstanden waren.

Günter leidet unter seinen Mitschülern

Günter ist ein zurückhaltendes Kind, das unter der Disziplinlosigkeit anderer Kinder stark litt. Unruhe und zu starker Lärm in der Umgebung beeinträchtigen ihn auch heute noch stark. Bevor das offene Lernen eingeführt wurde, ging er anderen Kindern aus dem Weg und ging ungern in die Schule. Er war gut begabt und im gelenkten Unterricht nicht richtig gefordert. Er zeigte sich als wißbegierig und las gerne. „Vielleicht entspricht das offene Lernen mehr seiner Art“, meinte der Lehrer.

Die Erwartungen des Lehrers erfüllten sich bei Günter. Günter arbeitete flott alleine und partnerweise dahin. Manchmal kam er wie ein „zerstreuter Professor“ etwas durcheinander und hatte keinen Überblick mehr über seine Arbeit. Besonders schätzte Günter die Möglichkeit, sich vermehrt dem Lesen zu widmen. Überaus überrascht war der Lehrer von der Tatsache, daß Günter in Gruppenarbeiten den Ton angab. Die anderen Gruppenmitglieder schätzten seine Gescheitheit. Günter beteiligte sich immer mehr am Gesprächskreis. Er nahm sich immer häufiger Arbeitsmittel von zu Hause mit und entwickelte sich als Vorbild für andere Schüler, die es ihm gleichtaten. Günter suchte schließlich auch vermehrt das Gespräch mit dem Lehrer. Die Disziplin der Klasse in der Pause verbesserte sich, was Günter besonders schätzte.

Niemand will neben Claudia sitzen

Claudia ist ein gescheites, schüchternes Mädchen. Allerdings nahm Claudia kaum Kontakt zu anderen Kindern auf. Die anderen Kinder mochten sie nicht. Claudia litt darunter. Manchmal kam es zu versteckten Bosheiten gegenüber den Mitschülern. Niemand wollte neben ihr sitzen. Vielleicht könnte sie beim offenen Lernen ihre Fähigkeiten besser

unter Beweis stellen und so ihr Image und ihre Beliebtheit bei ihren Mitschülern verbessern. Möglicherweise würde sie auch Kontakt bei Partner- und Gruppenarbeiten finden.
Wie ging es Claudia nun beim offenen Lernen wirklich:
Claudia zeigte sich anfangs weiterhin schüchtern, was besonders im Gesprächskreis auffiel. Bei der Wochenplanarbeit mit offener Aufgabenstellung suchte sie sich meist besonders schwierige Aufgaben, die sie problemlos löste. Sie hatte dadurch noch genügend Zeit für Lernspiele oder auch Zeit, um anderen Kindern zu helfen. Besonders mit Birgit, die Claudias Hilfe gut brauchen konnte, bildete sie bald ein unzertrennliches Paar. Claudia war eines der ersten Kinder, die sich selbständig Arbeit suchten. Der Lehrer war erstaunt und erfreut, als Claudia im Gesprächskreis ohne Scheu ein Buch vorstellte.

Ergebnis zu Beispiel 3

Mein didaktisches Repertoir wurde größer

. . . stellte Claudias Lehrer fest. „Wir verwenden jetzt mehr verschiedene Arbeitsmittel, mehr verschiedenartige Methoden, mehr Sozialformen, es gibt mehr Abwechslung, daran mußten wir uns alle erst gewöhnen. Besonders wichtig war für mich der Gesprächskreis, der uns meist zur „Bestandsaufnahme" diente. Am Freitag führten wir eine „Auffangstunde" ein, in der wir Wesentliches aufarbeiten konnten. Seit wir offenes Lernen machen, bereite ich mich intensiver auf den Unterricht vor. Meine berufliche Motivation ist gestiegen. Besondere Freude macht mir das Herstellen von Lernspielen. Allerdings ist der Zeitaufwand dafür beträchtlich. Ich bin mir sicher, daß ich weiterhin so arbeiten werde."

Bücher zum Weiterlesen

Andresen, Ute: Das erste Schuljahr. Stuttgart: Klett 1985.

Andresen, Ute: Das zweite Schuljahr. Weinheim und Basel: Beltz 1988.

Andresen, Ute: So dumm sind sie nicht. Von der Würde der Kinder in der Schule. Weinheim und Basel: Beltz 1986.

Arbeitsgruppe Oberkircher Lehrmittel (AOL), (Hrsg.): Das AOL Projekte-Buch. Reinbeck bei Hamburg: Rowohlt 1986.

Baillet, Dietlinde: Freinet – praktisch. Weinheim und Basel: Beltz 1983.

Bergk, Marion/Meiers, Kurt (Hrsg.): Schulanfang ohne Fibeltrott. Bad Heilbrunn/Obb.: Klinkhardt 1985.

Breuer Gisela: Freie Arbeit im 1. und 2. Schuljahr. München: Prögel 1989.

Cornell, Joseph Bharat: Mit Kindern die Natur erleben. Oberbrunn: Ahorn 1979.

Dräger, Monika: Am Anfang steht der eigene Text. Heinsberg: Agentur Dieck 1988.

Huschke, Peter/Mangelsdorf, Marei: Wochenplan – Unterricht. Weinheim und Basel: Beltz 1988.

Knirsch, Rudolf: Unsere Umwelt entdecken. Frankfurt: Fischer 1988.

Koitka, Christine: Freinet-Pädagogik. Weinheim und Basel: Beltz 1990.

Rütimann, Hansheinrich: Die Lesestadt. Bern: Zytglogge 1989.

Meyer, Gertrud: Schuelmümpfeli 3. Bern: Zytglogge 1989.

Sennlaub, Gerhard/Mais, Reinhard: Feuer und Flamme. Heinsberg: Agentur Dieck 1984.

Sennlaub, Gerhard/Mais, Reinhard: Mit Feuereifer dabei. Heinsberg: Agentur Diek 1989.

Sennlaub, Gerhard: Spaß beim Schreiben oder Aufsatzerziehung. Stuttgart/Berlin/Köln/Mainz: Kohlhammer 1988.

Vasquez, Aida/Oury, Fernand u. a.: Vorschläge für die Arbeit im Klassenzimmer. Die Freinet-Pädagogik. Reinbeck bei Hamburg: Rowohlt 1976.

Wild, Rebecca: Erziehung zum Sein. Heidelberg: Arbor 1991.

Wild, Rebecca: Sein zum Erziehen. Heidelberg: Arbor 1990.

Zehrfeld, Klaus: Freinet in der Praxis. Weinheim und Basel: Beltz 1977.

Wer kennt sie nicht, wer liebt sie nicht: den „Froschkönig", das „Rumpelstilzchen", „Rotkäppchen", „Schneewittchen", „Frau Holle" und viele andere Märchenfiguren? Neben Pantomime, Reigenspiel, Schattenspiel und Singspiel sind noch zahlreiche weitere Märchenumsetzungen in diesem Band enthalten.
Die einzelnen Arbeitsschritte sind klar und übersichtlich vorgegeben und auch für Laien einfach nachvollziehbar. Für erfahrene DramaturgInnen ist das Buch eine Herausforderung, die angebotenen Stücke noch mit eigenen Ideen zu bereichern.

120 Seiten, geb., S 198,–/DM 29,80,
ISBN 3-85329-757-9
Tonbandkassette S 148,–/DM 23,–,
ISBN 3-85329-566-6

Stimmen Sie sich mit Ihren Kindern einmal mehr auf Weihnachten ein als nur mit dem Singen von Weihnachtsliedern. Etwa durch Dialoge, spielerische Elemente, Gesang und Bewegung, die in Spiele und Theaterstücke verpackt und abwechslungsreich dargestellt sind, zum Beispiel:

– Krippen- und Hirtenspiel
– Schattenspiel und Kurbeltheater
– Klangaktion und Musikpantomime

Für jede Altersgruppe – vom Kindergarten bis zum Amateurtheater – finden sich Tips von der Planung bis zur Aufführung.

104 Seiten, geb., S 198,–/DM 29,80,
ISBN 3-85329-674-2
Tonbandkassette S 148,–/DM 23,–,
ISBN 3-85329-534-3

128 Seiten, geb., S 248,–/DM 36,–,
ISBN 3-85329-872-9
Tonbandkassette S 148,–/DM 22,–,
ISBN 3-85329-873-7

Kinder und Jugendliche machen Kabarett!
Abreagieren durch Lachen heißt die Devise.
Bewußtmachungsprozesse werden in Gang gesetzt.
Abgötter von ihren Podesten geholt.
Radio und Fernsehen, Jugendzeitschriften und Comics, Umweltverschmutzung und Urlaubsgewohnheiten, Freizeit und Schule ... sind Themen dieses Buches, die als Kabaretts aufbereitet sind. Ihr Entstehungsprozeß wird von der Planung bis zur Aufführung aufgezeigt.
Entlarvt werden manipulierende Mechanismen.
Textdichter der Sketche, Songs, Parodien ... sind 10-14jährige Schüler.
Treffsicher, aber auch humorvoll ist ihre Kritik.

Kunstmärchen – was ist das?

Von einzelnen Autoren erfunden und gestaltet, haben Kunstmärchen im Gegensatz zu Volksmärchen keine mündliche Überlieferungstradition hinter sich.
Im vorliegenden Band wurden einige der schönsten Kunstmärchen zusammengefaßt und als Grundlage für Theateraufführungen mit Jugendlichen vorbereitet: „Der Schweinehirt" von Hans Christian Andersen, „Spiegel, das Kätzchen" von Gottfried Keller, „Die Regentrude" von Theodor Storm und „Der Zauberer Magius" von Carl Capek.

120 Seiten, geb., S 228,–/DM 34,–,
ISBN 3-85329-798-6
Tonbandkassette S 148,–/DM 23,–,
ISBN 3-85329-570-7

Helga und Hubert Teml
Komm mit zum Regenbogen
Phantasiereisen für Kinder und Jugendliche zur Entspannung, Lernförderung, Persönlichkeitsentwicklung

128 Seiten, br.
S 198,– / DM 29,80
ISBN 3-85329-886-9
Tonbandkassette
S 186,– / DM 29,–
ISBN 3-85329-917-2

- Phantasiereisen regen die Vorstellungskraft von Kindern und Jugendlichen an.
- Für die Vertiefung von Entspannung und Ruhe, für die Förderung von kreativem und ganzheitlichem Lernen und für die Unterstützung einer harmonischen Persönlichkeitsentwicklung bietet das Buch Geschichten und Texte.
- Ein Kapitel ist dem Umgang mit sogenannten „verhaltensauffälligen" Kindern und Jugendlichen gewidmet.

Hubert Teml
Entspannt lernen
Streßabbau, Lernförderung und ganzheitliche Erziehung

104 Seiten, br.
S 198,– / DM 29,80
ISBN 3-85329-610-6
Tonbandkassette
S 186,– / DM 29,–
ISBN 3-85329-529-9

- In einen entspannten und effizienten Schultag.
- Mit vielen Entspannungsübungen.
- Übungen auch auf Tonbandkassette.

Hubert Teml
Zielbewußt üben – erfolgreich lernen
Lerntechniken und Entspannungsübungen für Schüler

130 Seiten, br.
S 198,– / DM 29,80
ISBN 3-85329-683-1
Tonbandkassette
S 186,– / DM 29,–
ISBN 3-85329-533-4

- Ein reichhaltiges Angebot an Lerntechniken.
- Wendet sich direkt an Schüler ab 11 Jahren.
- Ein Buch für jeden Lernenden.

VERITAS